Finanças
corporativas

Central de Qualidade – FGV Management
ouvidoria@fgv.br

SÉRIE GESTÃO EMPRESARIAL

Finanças corporativas
10ª edição

José Carlos Franco de Abreu Filho
Cristóvão Pereira de Souza
Danilo Amerio Gonçalves
Marcus Vinícius Quintella Cury

ISBN — 978-85-225-0675-0

Copyright © José Carlos Franco de Abreu Filho, Cristóvão Pereira de Souza, Danilo Amerio Gonçalves, Marcus Vinícius Quintella Cury

Direitos desta edição reservados à
EDITORA FGV
Rua Jornalista Orlando Dantas, 37
22231-010 — Rio de Janeiro, RJ — Brasil
Tels.: 0800-21-7777 — (21) 2559-4427
Fax: (21) 2559-4430
e-mail: editora@fgv.br — pedidoseditora@fgv.br
web site: www.editora.fgv.br

Impresso no Brasil / *Printed in Brazil*

Todos os direitos reservados. A reprodução não autorizada desta publicação, no todo ou em parte, constitui violação do copyright (Lei nº 9.610/98).

Os conceitos emitidos neste livro são de inteira responsabilidade dos autores.

1ª edição, 2003. 2ª edição revista e atualizada, 2003. 3ª edição revista e atualizada, 2004. 4ª edição, 2005. 5ª edição, 2005. 6ª edição, 2005. 7ª edição, 2006. 8ª edição revista e ampliada, 2006. Reimpressão, 2007. 9ª edição revista, 2007. 1ª Reimpressão, 2008. 10ª edição, 2008.

Revisão de originais: Luiz Alberto Monjardim

Editoração eletrônica: FA Editoração

Revisão: Fatima Caroni e Mauro Pinto de Faria

Capa: aspecto:design

Ilustração de capa: Mario Guilherme V. Leite

> Abreu Filho, José Carlos Franco de
>   Finanças corporativas / José Carlos Franco de Abreu Filho, Cristóvão Pereira de Souza, Danilo Amerio Gonçalves, Marcus Vinícius Quintella Cury. — 10 ed. — Rio de Janeiro: Editora FGV, 2008.
>   152 p. — (Gestão empresarial (FGV Management))
>
>   Abaixo do título: Publicações FGV Management
>   Inclui bibliografia.
>
>   1. Empresas — Finanças. I. Souza, Cristóvão Pereira de. II. Gonçalves, Danilo Amerio. III. Cury, Marcus Vinícius Quintella. IV. Fundação Getulio Vargas. V. FGV Management. VI. Título. VII. Série.
>
>   CDD-658.15

Aos nossos alunos e aos nossos colegas docentes, que nos levam a pensar e repensar nossas práticas.

Sumário

Apresentação 9

Introdução 13

1 | **Visão geral de finanças** 15

    Definições de finanças por alguns autores 15

    Iniciando o estudo de finanças 17

    Identificando os aspectos relevantes para análises fundamentalistas 18

    Risco e retorno 24

    Avaliação financeira de ativos 26

    Critérios para análise de investimentos 27

2 | **Risco e retorno** 29

    Princípios básicos 29

    Modelo de precificação de ativos — CAPM 37

    Custo do capital 42

3 | **Fluxo de caixa dos investimentos e capital de giro** 49
Determinação do fluxo de caixa 49
Projeção do fluxo de caixa livre 51
Análise de capital de giro 54

4 | **Critérios para análise de projetos** 75
Taxa média de retorno 76
Período *payback*: simples e descontado 77
Valor presente líquido (VPL) 82
Taxa interna de retorno (TIR) ou *internal rate of return* (IRR) 86
Índice de lucratividade líquida (ILL) 92
Ponto de equilíbrio (*break even*) 94

5 | **Avaliação de empresas e projetos** 103
Importância da avaliação 103
Conceitos fundamentais: valor e cotação 104
Tipos de valores: contábil, liquidação e operacional 107
Modelos de avaliação relativa 109
Modelos de direitos contingentes 109
Modelos de fluxo de caixa descontado 110
Tipos de fluxo de caixa 128
Regras de utilização de fluxos de caixa reais e nominais 130

Conclusão 135

Bibliografia 137

Apêndice 139

Os autores 149

Apresentação

Este livro compõe as Publicações FGV Management, programa de educação continuada da Fundação Getulio Vargas (FGV). Instituição de direito privado com mais de meio século de existência, a FGV vem gerando conhecimento por meio da pesquisa, transmitindo informações e formando habilidades por meio da educação, prestando assistência técnica às organizações e contribuindo para um Brasil sustentável e competitivo no cenário internacional.

A estrutura acadêmica da FGV é composta por oito escolas e institutos: a Escola Brasileira de Administração Pública e de Empresas (Ebape), dirigida pelo professor Bianor Scelza Cavalcanti; a Escola de Administração de Empresas de São Paulo (Eaesp), dirigida pelo professor Francisco Mazzucca; a Escola de Pós-Graduação em Economia (EPGE), dirigida pelo professor Renato Fragelli; o Centro de Pesquisa e Documentação de História Contemporânea do Brasil (Cpdoc), dirigido pelo professor Celso Castro; a Escola de Direito de São Paulo (Direito GV), dirigida pelo professor Ary Oswaldo Mattos Filho; a Escola de Direito do Rio de Janeiro (Direito Rio), dirigida pelo professor Joaquim Falcão; a Escola de Economia de São Paulo (Eesp), dirigida pelo professor Yoshiaki Nakano; o Instituto Brasileiro de Economia (Ibre), dirigido pelo professor Luiz Guilherme Schymura de Oliveira. São diversas unidades com a marca FGV, trabalhando com a mesma filosofia: gerar e disseminar o conhecimento pelo país.

Dentro de suas áreas específicas de conhecimento, cada escola é responsável pela criação e elaboração dos cursos oferecidos pelo Instituto de Desenvolvimento Educacional (IDE), criado em 2003 com o objetivo de coordenar e gerenciar uma rede de distribuição única para os produtos e serviços educacionais da FGV, por meio de suas escolas. Dirigido pelo professor Clovis de Faro, o IDE engloba o programa FGV Management e sua rede conveniada, distribuída em todo o país (ver www.fgv.br/fgvmanagement), o programa de ensino a distância FGV Online (ver www.fgv.br/fgvonline), a Central de Qualidade e Inteligência de Negócios, o Programa de Cursos Corporativos e uma Direção Acadêmica. Por meio de seus programas, o IDE desenvolve soluções em educação presencial e a distância e em treinamento corporativo customizado, prestando apoio efetivo à rede FGV, de acordo com os padrões de excelência da instituição.

Este livro representa mais um esforço da FGV em socializar seu aprendizado e suas conquistas. Ele é escrito por professores do FGV Management, profissionais de reconhecida competência acadêmica e prática, o que torna possível atender às demandas do mercado, tendo como suporte sólida fundamentação teórica.

A FGV espera, com mais essa iniciativa, oferecer a estudantes, gestores, técnicos — a todos, enfim, que têm internalizado o conceito de educação continuada, tão relevante nesta era do conhecimento — insumos que, agregados às suas práticas, possam contribuir para sua especialização, atualização e aperfeiçoamento.

Clovis de Faro
Diretor do Instituto de Desenvolvimento Educacional

Ricardo Spinelli de Carvalho
Diretor Executivo do FGV Management

Sylvia Constant Vergara
Coordenadora das Publicações FGV Management

Introdução

Este livro, destinado a leigos em finanças, visa fornecer uma introdução a esse fascinante tema tão importante na vida das empresas públicas ou privadas.

O livro está estruturado em cinco capítulos. O primeiro oferece uma visão genérica e abrangente das finanças, a fim de situar o leitor no assunto.

O segundo capítulo trata da relação risco *versus* retorno que está presente nos investimentos, destacando-se aí os custos do capital. Os investidores investem capital para financiar projetos se as taxas de risco e de retorno forem atraentes. Nesse capítulo você vai ver como se determinam as taxas de retorno adequadas ao risco dos investimentos.

O terceiro capítulo versa sobre a determinação dos fluxos de caixa dos investimentos e o capital de giro, apresentando os diversos enfoques que permitem determinar os fluxos relevantes para as análises de projetos de investimentos.

O quarto capítulo trata da análise dos projetos de investimentos, os quais devem atender à demanda dos investidores para serem viáveis economicamente. Esse capítulo mostra como os diferentes enfoques permitem ao analista decidir como e onde investir.

O tema do quinto capítulo é a avaliação de empresas e projetos. Aqui são apresentados os princípios fundamentais da avaliação, dando-se ênfase ao método do fluxo de caixa descontado (FCD), o mais utilizado.

Finalmente, a conclusão ajuda o leitor a refletir sobre a importância das finanças e das análises financeiras para a administração das empresas em geral.

1

Visão geral de finanças

O presente capítulo apresenta uma abordagem geral do estudo de finanças, cujo objetivo principal é permitir ao administrador financeiro tomar a decisão ótima, ou seja, aquela que maximiza a riqueza do investidor, considerando a vida útil do projeto envolvido. Não se trata de maximizar o lucro deste ou daquele período em particular, e sim os resultados globais dos investimentos. Para tomar a decisão ótima, o administrador deve ser capaz de responder a algumas perguntas fundamentais: onde investir? Quanto investir? Como financiar o investimento? Como distribuir os resultados? Para responder a essas perguntas, precisa identificar: o ativo, o ambiente e o comportamento do investidor.

Definições de finanças por alguns autores

Para ter-se uma idéia mais clara do que significa o estudo de finanças, é interessante apresentar algumas definições clássicas:

> *O administrador financeiro tem dois problemas básicos. Primeiro: quanto deve a firma investir, e em quais ativos deve investir? Segundo: como deve ser levantado o caixa necessário?*

A resposta ao primeiro problema é a decisão de investimento da firma. A resposta ao segundo problema é a sua decisão de financiamento. O administrador financeiro deve encontrar as respostas específicas que deixem os acionistas da firma na melhor situação possível.

O sucesso é julgado pelo valor. Os acionistas ficam em melhor situação com qualquer decisão que aumente o valor de sua posição na firma (valor das ações). Assim, pode-se dizer que uma boa decisão de investimento é aquela que resulta na compra de um ativo que vale mais do que custa, ou seja, um ativo que traga uma contribuição líquida positiva para o valor. O segredo do sucesso em administração financeira é aumentar valor. É uma afirmação simples, porém muito útil. Equivale a aconselhar um investidor no mercado acionário a vender na alta e comprar na baixa. O problema é como fazê-lo.

(Brealey e Myers, 1996:3)

Que são finanças de empresa? Suponhamos que se decida abrir uma empresa para fabricar bolas de tênis. Para tanto, contratam-se administradores para comprar matéria-prima e monta-se uma equipe de trabalhadores e funcionários para fabricar e vender as bolas de tênis produzidas. No jargão financeiro, seria feito um investimento em ativos, tais como estoques, máquinas, terrenos e mão-de-obra. O dinheiro aplicado em ativos deve ser contrabalançado por uma quantia idêntica de dinheiro gerado por algum financiamento. Quando começar a vender bolas de tênis, a empresa irá gerar dinheiro. Essa é a base da criação de valor. A finalidade da empresa é criar valor para o seu proprietário.

(Ross, Westerfield e Jaffe, 2001:23).

Que são finanças? Podemos definir finanças como a arte e a ciência de administrar fundos. Praticamente todos os indivíduos e organizações obtêm receitas ou levantam fundos, gastam ou investem. As finanças ocupam-se do processo, instituições, mercados e instrumentos envolvidos na transferência de fundos entre pessoas, empresas e governos.

A administração financeira diz respeito às responsabilidades do administrador financeiro numa empresa. Os administradores financeiros administram ativamente as finanças de todos os tipos de empresas, financeiras ou não-financeiras, privadas ou públicas, grandes ou pequenas, com ou sem fins lucrativos. Eles desempenham uma variedade de tarefas, tais como orçamento, previsões financeiras, administração do caixa, administração do crédito, análise de investimentos e captação de fundos.

(Gitmann, 1997:4)

Iniciando o estudo de finanças

Para poder tomar as decisões financeiras ótimas, você deve começar por identificar os aspectos relevantes, as relações risco *versus* retorno envolvidas e os fluxos de caixa dos ativos. Isso lhe permitirá avaliar e analisar os ativos, para finalmente tomar as decisões de investimento. A figura 1 sintetiza o exposto.

Figura 1
DECISÃO FINANCEIRA ÓTIMA

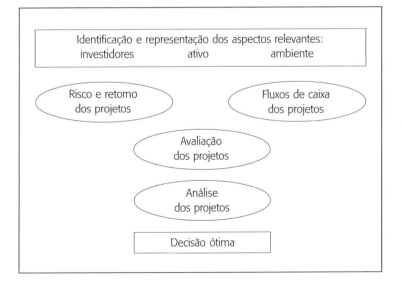

Identificando os aspectos relevantes para análises fundamentalistas

Identificação e representação de um ativo

Sempre existe um ativo envolvido numa decisão administrativa. Às vezes, a dificuldade em identificar o ativo advém do fato de que os ativos podem ser tangíveis, intangíveis, base ou derivativos. Exemplos de ativos tangíveis: um prédio, uma máquina, uma fábrica. Ativos tangíveis são aqueles que você pode tocar, medir, pesar. Exemplos de ativos intangíveis: fundo de comércio, nome, percepção de qualidade, *expertise*. São ativos que você não pode tocar. Os ativos base são os ativos que têm valor por si próprios — por exemplo, a mercadoria café. Os ativos derivativos são aqueles cujo valor depende do valor de um outro ativo base — por exemplo, um contrato futuro para compra de café.

A identificação de um ativo qualquer sob análise financeira implica a determinação dos fluxos de caixa que esse ativo pode gerar para seus investidores. O fluxo de caixa que interessa para a tomada de decisão administrativa é o fluxo de caixa operacional, incremental, livre após o pagamento de taxas e impostos.

Os ativos são representados através dos seus fluxos de caixa futuros projetados. Convide um arquiteto à sua casa e peça que ele a represente como a vê. Certamente o arquiteto a desenhará da melhor forma possível numa folha de papel. Por quê? Porque o desenho é uma linguagem que os arquitetos usam no exercício de sua profissão.

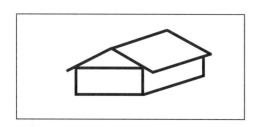

Convide agora um corretor de imóveis e peça que ele descreva o seu imóvel (o mesmo apresentado ao arquiteto). Certamente o corretor escreverá coisas como: excelente imóvel, com ampla sala e vista maravilhosa para o verde, indevassável etc. O corretor estará usando a linguagem que é usual em seu trabalho.

> *A GAZETA BRASILEIRA*
> **CLASSIFICADOS**
> Linda casa. Condomínio fechado. Vista indevassável para o verde. 3 amplos quartos. 2 banheiros. Sala, copa e cozinha. Tratar pelo telefone 222-22-22.

Peça a um administrador financeiro que faça a representação financeira de seu imóvel. Obviamente, ele verá a sua casa como um investimento e lhe perguntará quanto ela custou, quanto você gasta em sua manutenção, quanto obtém de aluguel, quanto paga de IR sobre o aluguel, quais são as taxas de condomínio. Para quê? Para obter o fluxo de caixa desse ativo em cada período de tempo. Esta é a linguagem dos administradores. Pode-se então afirmar que um ativo é representado como a seqüência de fluxos de caixa incrementais, livres após taxas e impostos, que ele gera para seus investidores. Veja o diagrama a seguir:

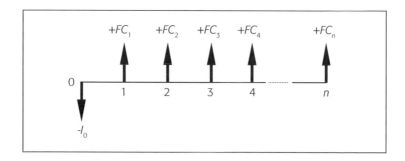

Onde I_o é o investimento (fluxo de caixa inicial) para adquirir o ativo; n representa o período total do investimento; e **FC** é o fluxo de caixa livre para o investidor, após taxas, juros e impostos de cada período.

Os fluxos de caixa futuros esperados provenientes de diferentes ativos têm diferentes denominações. Por exemplo, os fluxos de caixa das ações de uma empresa chamam-se fluxos de dividendos. Os fluxos de caixa provenientes dos imóveis são os aluguéis; os das debêntures, os juros; e os das patentes, os *royalties*. Ouro e outros metais não pagam dividendos, mas fornecem como retorno o seu valor de venda.

Eis as características dos fluxos de caixa futuros que são relevantes para a avaliação: valor (tamanho ou volume) do investimento e dos FCs, em reais; *timing* (datas) dos pagamentos ou recebimentos; risco e incerteza do fluxo de pagamentos; sinais dos fluxos de caixa (entrada ou saída de caixa). De maneira genérica e bastante simplificada, podemos dizer que o fluxo de caixa incremental livre após taxas e impostos num determinado período é obtido da seguinte forma:

Partindo das	Vendas projetadas
Obtemos	Faturamento das vendas do período
Menos	Custos operacionais variáveis do período

Menos	Custos operacionais fixos do período
Igual a	Lucro bruto operacional
Menos	Impostos e taxas sobre as operações do período
Obtemos	Fluxo de caixa do período

Exemplos de representação de ativos:

> ### EXEMPLO 1
>
> a) Representação financeira de um investimento num imóvel para aluguel. Considere que você investiu R$100 mil na compra de um imóvel comercial que pode ser alugado por R$1 mil mensais. Suponha que você quer manter esse imóvel por um ano e depois vendê-lo por R$120 mil.
>
>
>
> Representação do ativo imóvel
>
> b) Representação financeira de um investimento em ações. Considere que você investiu R$50 mil na compra de ações da firma Alfa (cotação de R$5 por ação, hoje). Os dividendos esperados são de R$0,20 por ação, a cada ano. Sua expectativa é vender cada ação por R$7,45 daqui a três anos. Com recursos da ordem de R$50 mil, você poderá comprar 10 mil ações. Seu fluxo de caixa anual será R$2 mil.
>
>
>
> Representação do ativo investimento em ações

Identificação do ambiente

É preciso conhecer o ambiente onde está o ativo objeto da análise. Para efeitos de estudo e métodos de análise, fazem-se considerações sobre hipóteses em que se reproduza o ambiente real e estudam-se aspectos relativos à determinação do valor de ativos (avaliação).

Veja alguns exemplos de aspectos que se devem considerar. O local onde será implantado o projeto tem livre competição? Todos os participantes desse mercado podem procurar o melhor preço? Existe monopólio ou reserva de mercado? Quais são os custos de transação — comissões, por exemplo? Quais as taxas e impostos? Quais os cenários macro e microeconômicos? Qual é a taxa de juros básica da economia local, a taxa para aplicações em renda fixa (RF)? Qual é a cultura local? Imagine que você queira abrir uma filial de uma rede de churrascarias na cidade de Calcutá, na Índia.

Identificação do investidor

Para adquirir o ativo, alguém tem que financiar o investimento nele feito: os investidores. Existem fundamentalmente dois tipos de investidores: credores e sócios. Dependendo do risco e do retorno oferecidos pelos ativos, os investidores decidem se querem ou não investir.

Sabe-se, por observação, que o comportamento típico dos investidores é de aversão ao risco. Isso significa que o investidor cobra retornos adicionais por assumir riscos adicionais, isto é, espera maior retorno por assumir maiores riscos. Os investidores são insaciáveis com relação a retornos. Para um mesmo nível de risco, os investidores sempre optarão pelo ativo de maior retorno esperado. Veja a figura 2 a seguir.

Figura 2
BINÔMIO RISCO *VERSUS* RETORNO

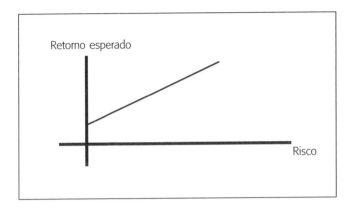

EXEMPLO 2

Para investir na poupança, os investidores demandam uma taxa de retorno de aproximadamente 5% ao ano nos EUA. Para investir em ações, os investidores demandam um retorno superior. Desde 1920, o mercado de ações tem oferecido retornos consistentemente superiores aos das aplicações de renda fixa. No Brasil, observam-se números proporcionalmente semelhantes.

Os bancos financiam imóveis com taxas de juros mais baixas do que as taxas de juros com as quais financiam compras em cartões de crédito. Por quê? Porque o risco de financiar um cartão de crédito é maior do que o risco de financiar um imóvel.

Um balancete simples mostra como os investidores são apresentados:

Ativo	Capital de terceiros (credores)
	Capital próprio (sócios)

Risco e retorno

Risco, na linguagem dos administradores financeiros, nada tem a ver com dar certo ou dar errado, ter prejuízo ou ter lucro. Diz respeito apenas à probabilidade de se ter um resultado diferente do esperado. Sejam q e $1-q$ as probabilidades de movimentação dos valores. Ou seja, nos exemplos abaixo, q é a probabilidade de o valor aumentar de R$1 mil (em $t = 0$) para R$1,2 mil (em $t = 1$), e $1-q$ é a probabilidade de o valor aumentar de R$1 mil (em $t = 0$) para R$1,1 mil (em $t = 1$).

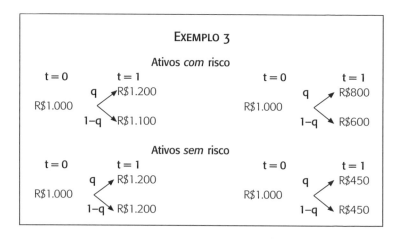

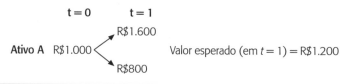

continua

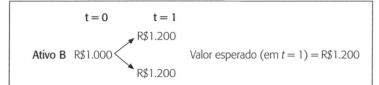

Para receber o mesmo resultado esperado, R$1,2 mil, em quaisquer dos investimentos disponíveis, o investidor avesso ao risco prefere o ativo *B*; o investidor propenso ao risco prefere o ativo *A*; e, finalmente, para o investidor neutro é indiferente escolher entre *A* ou *B*.

Conhecendo-se o risco de um ativo, a taxa de retorno para aplicações em renda fixa e o retorno do mercado, é possível determinar a taxa de retorno *K* adequada a esse ativo, como sintetiza a figura 3. Um modelo teórico utilizado para determinar a taxa de retorno *K* de um ativo é conhecido como modelo CAPM (ver capítulo 2), que utiliza a medida de risco relativo beta. A figura 3 mostra, por exemplo, que um ativo com risco beta igual a 2 deve ter uma taxa de retorno esperado *Kb* e que um ativo com risco beta igual a 1 deve ter uma taxa de retorno esperado *Ka*. *RF* corresponde a uma taxa livre de risco.

Figura 3

A TAXA DE RETORNO E O RISCO

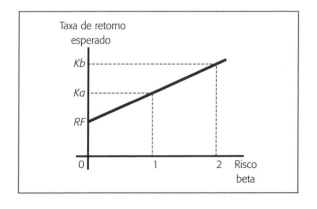

Avaliação financeira de ativos

Para tomar a decisão administrativa ótima, de investir ou não investir, é necessário saber quanto vale o ativo considerado. Define-se o valor de um ativo como o valor presente do direito a um (possivelmente incerto) fluxo futuro de pagamentos (recebimentos) em espécie (dinheiro). Em outras palavras, o princípio básico é que se avaliam todos os ativos da mesma forma que se avaliam ativos financeiros (matemática financeira). Os ativos (financeiros ou físicos) devem ter o valor presente (VP) de seus futuros fluxos de caixa projetados. Não se confunda esse valor com o do patrimônio físico dos ativos físicos da empresa, pois esta deve valer mais do que a simples soma aritmética dos valores de suas mesas, cadeiras, máquinas e equipamentos. A figura 4 mostra como se faz o desconto para o valor presente dos fluxos de caixa futuros projetados, considerando uma taxa de desconto (K) apropriada ao risco do fluxo de caixa.

Figura 4

VALOR PRESENTE DOS FLUXOS DE CAIXA

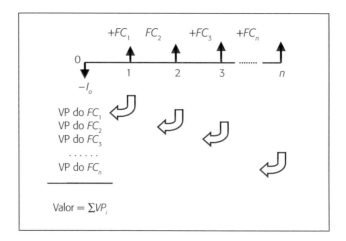

Resumindo, apresenta-se, a seguir, a fórmula utilizada para determinar o valor dos ativos. Esse método de avaliação é conhecido como método do fluxo de caixa descontado (FCD) ou *discounted cash flow* (DCF).

$$\text{VP do ativo} = \sum_{t=1}^{n} \frac{FC_t \text{ (projetado)}}{(1+K)^t}$$

No caso particular em que os FCs atendam aos requisitos de perpetuidade, pode-se usar a fórmula que representa o limite para o qual converge a série: $\sum FC_t$.

$$\text{VP do ativo} = \frac{FC_1}{K-g}$$

K é a taxa de desconto apropriada ao risco do FC utilizada para descontar até o valor presente (VP); e g é a taxa de crescimento do FC em perpetuidade.

Critérios para análise de investimentos

Antes de investir, é preciso saber se a performance dos ativos atenderá aos objetivos propostos. Por exemplo, para saber se um investimento será lucrativo ou não, devem-se adotar os diversos critérios apresentados mais adiante no capítulo 4. Por exemplo, o critério do valor presente líquido (VPL) é um dos mais utilizados pelos analistas de investimentos. Uma vez determinado o valor presente do ativo e sabendo-se qual é o investimento hoje necessário para implementar o projeto, pode-se simplesmente verificar se o ativo vale mais ou menos do que o investimento para adquiri-lo. O VPL de um ativo é a diferença entre o investimento realizado (dispêndio corrente de caixa) e o valor presente dos fluxos de caixa futuros (retorno projetado a valor presente), como mostram a equação a seguir e a figura 5.

> VPL = Valor presente do ativo − valor presente do investimento

Figura 5
ATIVO E CUSTO DO ATIVO

EXEMPLO 5

O projeto Xingu, para ser implementado hoje, exige investimentos de R$2 milhões. O valor presente do projeto Xingu é R$2,8 milhões. Qual é o VPL do projeto Xingu? Você investiria?

Solução:
VPL = valor do ativo − investimento necessário
Valor presente do projeto Xingu: R$2.800.000
Custo do projeto Xingu hoje: R$2.000.000
VPL = R$2.800.000 − R$2.000.000 = R$800.000

Resposta: VPL = R$800.000.
Sim, investiria, pois o VPL é positivo.

2

Risco e retorno

O presente capítulo trata de dois importantes temas das finanças corporativas: o binômio risco-retorno e o custo do capital. O binômio risco-retorno pode ser considerado um fundamento básico para qualquer investidor, seja este uma pessoa física ou mesmo uma grande corporação, pois parte do princípio de que não se podem esperar grandes retornos sem entrar num ambiente de risco. O tema do custo do capital, que tem por base o binômio risco-retorno, abrange a famosa teoria de precificação de ativos financeiros, conhecida pela sigla em inglês CAPM, e o custo médio ponderado do capital, quando a estrutura de capital da empresa inclui capital de terceiros.

Princípios básicos

Todos os dias, diretores, gestores e controladores têm que tomar decisões a respeito de aspectos relacionados à empresa que dirigem. Muitas delas irão solucionar um problema, enquanto outras dizem respeito ao dia-a-dia da empresa ou ao seu futuro imediato. Outras, ainda, são relacionadas a investimentos, ou seja, onde aplicar hoje o dinheiro para que a empresa se torne melhor no futuro. Algumas dessas decisões sobre investimentos podem ser chamadas de decisões estratégicas, pois a lógica que as sustenta não é operacional ou rotineira, e sim de longo prazo, empresarial, visando tornar a empresa mais bem-sucedida. Essas decisões implicam investir tempo, dinheiro e energia num projeto ou empreendimento cujos resultados são desconhecidos porque ocorrerão no futuro, isto é, num ambiente de risco e/ou incerteza (Oldcorn e Parker, 1998).

Cabe ressaltar que o gestor empresarial, independentemente de sua formação acadêmica ou de sua área de atuação profissional, irá deparar-se, invariavelmente, com problemas financeiros de curto e longo prazos, e com decisões financeiras de diversas magnitudes, tais como a compra de novo equipamento, a aceitação de um desconto para comprar à vista em vez de comprar a prazo, a aplicação de excedentes de caixa, a escolha das fontes de financiamento a curto ou longo prazo, o lançamento de um novo produto, a abertura de uma filial etc. Dessa forma, o gestor empresarial deve estar sempre preocupado com o futuro, já que o sucesso de sua empresa e, conseqüentemente, o seu próprio sucesso profissional não dependem exclusivamente do desempenho passado nem do patrimônio atual, mas sobretudo da sua capacidade de gerar e gerir o fluxo de caixa no futuro.

Como você viu, na prática, as decisões financeiras não são tomadas em ambiente de total certeza com relação a seus resultados. Na verdade, como essas decisões estão fundamentalmente voltadas para o futuro, a variável incerteza torna-se um dos mais significativos aspectos do estudo das operações do mercado financeiro e das finanças corporativas.

A idéia de risco, de forma mais específica, está diretamente associada às probabilidades de ocorrência de determinados resultados em relação a um valor médio esperado. É um conceito voltado para o futuro, revelando uma possibilidade de perda (Assaf Neto, 1999).

Como o conceito de risco é muito amplo, em finanças corporativas, de modo geral, deve-se dar importância aos componentes de risco total: econômico e financeiro. As principais causas determinantes do risco econômico têm a ver com a conjuntura (políticas econômicas, novas tecnologias), o mercado (crescimento da concorrência, por exemplo) e o planejamento e a gestão da empresa (vendas, custos, preços, investimentos). O risco financeiro, por outro lado, está mais diretamente relacionado com o endividamento da empresa e com sua capacidade de pagamento.

Dessa maneira, pode-se dizer que o risco total de qualquer ativo é definido pelas suas partes *sistêmica* (risco sistêmico ou conjuntural) e *não-sistêmica* (risco específico ou próprio do ativo).

O risco sistêmico, inerente a todos os ativos negociados no mercado, é determinado por eventos de natureza política, econômica e social. Cada ativo comporta-se de forma diferente diante da situação conjuntural estabelecida. Como não se pode evitar totalmente o risco devido à sua parte sistêmica, a medida mais indicada para reduzi-lo é diminuir a parte não-sistêmica pela diversificação da carteira de ativos.

O risco não-sistêmico é identificado nas características do próprio ativo, não se alastrando aos demais ativos da carteira. É um risco intrínseco, próprio de cada investimento realizado, podendo-se eliminá-lo de uma carteira incluindo aí ativos que não tenham correlação positiva entre si. Por exemplo, as carteiras diversificadas costumam conter títulos de renda fixa e de renda variável, os quais são afetados de maneira diferente por uma elevação dos juros da economia; as ações de empresas cíclicas (montadoras de veículos, construção civil), de maior risco, costumam compor carteiras com ações de negócios mais estáveis (menos cíclicos) diante das flutuações da conjuntura econômica, como as indústrias de alimentos, e assim por diante (Assaf Neto, 1999).

O risco de um investimento ou de um ativo financeiro geralmente é mensurado de forma probabilística, a partir da atribuição de probabilidades, subjetivas ou objetivas, aos diferentes estados de natureza esperados e, em conseqüência, aos cenários de resultados criados. Dessa maneira, delineia-se uma distribuição de probabilidades dos resultados esperados e estimam-se suas principais medidas estatísticas de dispersão e de avaliação do risco.

A probabilidade objetiva pode ser definida a partir de séries históricas de dados e informações, freqüências relativas observadas e experiência acumulada no passado. A probabilidade subjetiva, por sua vez, tem como base a intuição, o conhecimento, a experiência do investimento e, até mesmo, um certo grau de crença da unidade tomadora de decisão (Assaf Neto, 1999).

Vale lembrar aqui um dos princípios fundamentais das finanças corporativas: resultados passados não garantirão os mesmos resultados no futuro. Os resultados passados, registrados em séries históricas, podem, quando muito, servir como tendência para as previsões de cenários futuros. Assim, podem-se construir bons cenários futuros com base em dados do passado, acrescentando-se boas doses de subjetividade, intuição e conhecimento de especialistas.

Existem três variáveis que permeiam todo o processo de análise financeira e, portanto, merecem especial atenção. São elas: o risco, o retorno e o preço.

Risco

Risco, em finanças, é quando há variabilidade no retorno que se espera de um determinado ativo. Imagine uma aplicação em CDB prefixado, que promete pagar, ao final de 34 dias, 2% ao mês sobre o capital empregado, sem qualquer consideração de inadimplência por parte do banco. Ora, sabe-se que o banco pagará o valor estipulado, independentemente de qualquer fato que ocorra na economia. Pode-se dizer, portanto, que, nesse caso, o retorno ou rentabilidade obtido foi exatamente igual ao esperado. Assim, pode-se dizer que não há risco no CDB, pois não haverá variabilidade do retorno esperado, em termos nominais, porém em cenário inflacionário poderá haver risco real.

O mesmo não vale para as ações de uma empresa. Nesse caso, geralmente espera-se, no próximo mês, por exemplo, algo como a média dos retornos obtidos nos meses anteriores. Todavia, sabe-se perfeitamente que o retorno do mês seguinte poderá ser maior ou menor do que o valor esperado. Pode-se dizer, então, que existe risco. Além disso, os retornos obtidos no passado com uma ação não garantem que eles sejam repetidos no futuro. Uma série histórica de retornos pode servir, no máximo, como uma base para o futuro, ou melhor, como uma tendência para a criação de cenários futuros.

É próprio do ser humano mostrar-se avesso ao risco. Pelo menos as pesquisas indicam que a maioria dos investidores apresenta esse comportamento. Assim, os investidores só se dispõem a correr algum risco quando percebem a possibilidade de obter um retorno maior do que aquele usualmente obtido na renda fixa, que não lhes oferece risco. Quanto maior essa variabilidade do retorno esperado, maior o risco do ativo. E quanto maior for o risco do ativo, maior será o retorno esperado exigido pelo investidor para se arriscar a manter aquele ativo na carteira. Observe que, quando existe risco, fala-se de retorno esperado, e não de retorno certo. Isso porque o risco introduz uma variabilidade que não permite afirmar nada com certeza. O retorno esperado é uma média dos retornos possíveis, onde cada retorno é ponderado por sua probabilidade. Então, a primeira coisa que se deve saber a respeito do risco é sua definição financeira: o risco de um ativo é a variabilidade do retorno desse ativo.

Vale a pena chamar a atenção para o fato de que, para o investidor, o risco tanto pode ser uma variabilidade positiva quanto negativa. Claro que o investidor está preocupado com o componente negativo, mas sua ambição o leva a investir no ativo pensando no seu componente positivo. Como, então, interpretar o maior risco de um ativo? Um ativo que tem maior risco deve ser visto como um ativo que pode proporcionar maiores ganhos, assim como maiores perdas. E como medir o risco do ativo? Pode-se medi-lo de diversas formas, mas a mais comum é a medida estatística do desvio-padrão dos retornos efetivos do ativo, ocorridos no passado, em relação ao seu retorno esperado, que pode ser tomado como a média aritmética dos retornos passados para o mesmo período.

Vale lembrar que não há como eliminar o fator risco, mas certamente é possível criar situações para minimizar os seus efeitos. Como você verá adiante, a melhor forma de enfrentar o risco é por meio da diversificação, mais um princípio básico de finanças. A diversificação pode ser comparada ao velho ditado americano "não ponha todos os seus ovos na mesma cesta", pois, se a cesta cair, provavelmente você perderá todos os ovos.

Preço

Quanto ao preço dos ativos, é importante compreender três pontos. Primeiro, o preço é estimado pelos agentes financeiros com base no valor presente dos fluxos futuros de caixa que eles esperam para o ativo. Segundo, os agentes levam em conta os riscos percebidos quando estabelecem a taxa pela qual vão descontar o fluxo de caixa futuro esperado para a determinação do valor presente. A taxa nada mais é do que o mínimo de retorno que os agentes exigem para "carregar" o ativo. Quanto maior for o risco do ativo, maior será a taxa considerada e, portanto, menor o preço que o agente financeiro estará disposto a pagar pelo ativo. Por último, é preciso lembrar que o preço final resulta da intensa negociação nos mercados secundários e do jogo das forças de oferta e demanda dos diversos agentes com percepções distintas.

Assim, quanto maior for o risco do ativo percebido pelo mercado, maior será a taxa de retorno exigida pelos investidores e, conseqüentemente, menor será o valor presente dos fluxos de caixa futuros esperados.

Retorno

Quando se fala de retorno de ativos sem risco como uma renda fixa, por exemplo, um CDB prefixado, não há discrepância entre o retorno esperado e o retorno efetivamente obtido. Por isso, diz-se que não há risco. No entanto, para a maioria dos demais ativos existirá risco, ou seja, o retorno esperado e o efetivamente obtido serão discrepantes na maioria das vezes. Assim, é preciso trabalhar com duas variáveis diferentes: o retorno esperado e o efetivo. O período considerado deverá ser um período do passado recente em que o comportamento do retorno do ativo mais se assemelhe ao do presente.

Note que o retorno esperado, por ser uma média, é uma constante. Já o retorno efetivo é desconhecido até o término do período em estudo. Antes disso, o retorno efetivo é considerado uma variável aleatória cujo valor esperado da distribuição é o valor esperado mencionado. Lembre-se da estatística: uma variável aleatória é uma variável que obedece a uma certa distribuição de probabilidades. Então, você pode concluir o seguinte: o retorno efetivo de um ativo, durante certo período, é uma variável aleatória, cuja média será o retorno esperado do ativo, se considerado antes da ocorrência do período em questão; se considerado depois do término desse período, será, por conseguinte, uma constante.

Outro aspecto importante é que quanto menor o preço pelo qual se compra um ativo, maior será o retorno que se pode esperar dele. Suponha que se possa prever que um ativo vai estar ao preço de R$100 ao final de um mês. Ora, se você comprar o ativo ao preço de R$100, terá um retorno de 0% no mês. Todavia, se comprar o ativo ao preço de R$50, terá um retorno de 100% no mês. Ou seja, quanto menor o preço pago, maior o retorno esperado.

A lógica do mercado

Os mercados trabalham com três variáveis inter-relacionadas: risco, preço e retorno. Agora, observe como elas são vistas e se relacionam.

Em primeiro lugar, os investidores do mercado acompanham os retornos que os ativos estão fornecendo. Ao observar esses retornos, eles medem *sua variabilidade em relação ao retorno esperado ou ao retorno médio*. Calculam, então, o chamado desvio-padrão dos retornos passados, que será uma medida de risco para o ativo. O risco do ativo é comparado ao retorno esperado, para se verificar se são compatíveis. Podem acontecer três situações: a) o retorno esperado é compatível com o nível de risco e, nesse caso, o mercado entende que o preço pelo qual o ativo está sendo negociado é justo; b) o retorno esperado está acima do que parece razoável para tal nível de risco e, nesse caso, os agentes do mercado se sentirão atraídos pelo ativo e começarão a comprá-lo, originando assim uma pressão de demanda que tenderá a aumentar o preço do ativo e, logo, diminuir o retorno que dele se pode esperar; c) o retorno esperado está abaixo do que parece razoável para o nível de risco do ativo, e os agentes que o têm na carteira irão a mercado vendê-lo, acarretando assim uma pressão de oferta que tenderá a baixar o preço do ativo e aumentar o seu retorno esperado, no caso de o ativo atingir um retorno esperado compatível com seu nível de risco.

Modelo de precificação de ativos — CAPM[1]

Desde o início dos anos 1960, uma das preocupações dos administradores financeiros tem sido a relação risco *versus* retorno. A teoria do *capital asset pricing model* (CAPM) foi desenvolvida para explicar o comportamento dos preços dos ativos e fornecer um mecanismo que possibilite aos investidores avaliar o impacto do risco sobre o retorno de um ativo. O CAPM pode ser traduzido por modelo de precificação de ativos financeiros.

O desenvolvimento do CAPM é atribuído a William Sharpe e John Lintner, que separadamente desenvolveram, quase que ao mesmo tempo, a mesma teoria (Sharpe, 1964; Lintner, 1965).

O CAPM é bastante utilizado nas várias operações de mercado de capitais, bem como no processo de avaliação de tomada de decisões em condições de risco. Permite, igualmente, estimar a taxa de retorno exigida pelos investidores, ou seja, a taxa de mínima atratividade para o capital próprio.

Como em todos os modelos financeiros, formulam-se algumas hipóteses para seu desenvolvimento, como por exem-

---

[1] Para melhor entendimento do CAPM, veja no apêndice deste livro a teoria da carteira.

plo: a) supõe-se uma grande eficiência informativa do mercado, atingindo igualmente todos os investidores; b) não há impostos, taxas ou quaisquer outras restrições para os investimentos no mercado; c) todos os investidores têm a mesma percepção quanto ao desempenho dos ativos, formando carteiras eficientes a partir de idênticas expectativas; d) existe uma taxa de juros de mercado definida como livre de risco.

A partir dessas hipóteses, tiraram-se várias conclusões a respeito do processo de avaliação de ativos. É importante notar que elas não são restritivas e visam essencialmente descrever melhor um modelo financeiro, demonstrando seu significado e aplicações práticas. Mesmo que não sejam constatadas na realidade de mercado, as hipóteses formuladas não são assim tão rígidas a ponto de invalidar o modelo (Assaf Neto, 1999).

A diferença entre as variações dos retornos de uma determinada ação e as variações dos retornos de uma carteira ou de um índice de referência de mercado — no caso brasileiro, o índice Bovespa — é decorrente da *diversificação*. Tais variações são representadas pelo conceito estatístico do desvio-padrão, que é uma medida de dispersão em relação à média da série de dados em estudo. Com a diversificação, ações individuais com risco podem ser combinadas de maneira que um conjunto de títulos, ou seja, uma carteira tenha quase sempre menos risco do que qualquer um de seus componentes isoladamente. A redução do risco é possível porque os retornos dos títulos individuais não são perfeitamente correlacionados entre si. Na verdade, a diversificação pode eliminar certa parcela do risco de uma carteira de investimentos.

Em geral, os indivíduos e as instituições possuem carteiras, e não títulos isolados. Conceitualmente, o risco de um determinado título está relacionado com o modo pelo qual o risco de uma carteira varia quando esse título lhe é adicionado. Ocorre que o desvio-padrão de uma ação isolada não é uma boa medida de como o desvio-padrão do retorno de uma carteira se altera quando uma ação lhe é acrescentada. Portanto, o desvio-padrão do retorno de um título não é uma boa medida de seu risco, quando quase todos os investidores detêm carteiras diversificadas. Formalmente, um título com elevado desvio-padrão não tem, necessariamente, impacto forte sobre o desvio-padrão dos retornos de uma carteira ampla. Esse aparente paradoxo é, na realidade, a base do CAPM (Ross, Westerfield e Jaffe, 2001).

O modelo CAPM exprime o risco sistemático de um ativo pelo seu coeficiente *beta*, identificado com o coeficiente angular da reta de regressão linear das variações de um ativo financeiro (uma ação, por exemplo) sobre as variações da carteira de mercado (por exemplo, o índice Bovespa). A carteira de mercado, por ser totalmente diversificada, apresenta apenas o risco sistemático. Um ativo que apresente a mesma volatilidade da carteira de mercado tem seu beta definido como 1. O coeficiente beta é calculado da mesma forma que o coeficiente b da reta de regressão linear entre duas variáveis (Assaf Neto, 1999).

O beta mede a sensibilidade de um ativo em relação aos movimentos do mercado. Dessa forma, a tendência de uma ação a mover-se junto com o mercado é refletida em seu beta, que é a medida da volatilidade da ação em relação ao mercado como um todo.

O CAPM mostra que o risco de um determinado título é bem representado pelo seu coeficiente beta. Em termos estatísticos, o beta informa qual é a tendência de uma determinada ação a variar em conjunto com a carteira de mercado.

Quando o beta de um ativo é exatamente igual a 1, diz-se que a ação se movimenta na mesma direção da carteira de mercado em termos de retorno esperado, ou seja, o risco da ação é igual ao risco sistemático do mercado como um todo.

Uma ação com beta maior que 1 reflete um risco sistemático mais alto que o da carteira de mercado, sendo por isso considerada um investimento agressivo. Por exemplo, se $\beta = 1,50$, uma valorização de 10% na carteira de mercado determina uma expectativa de rentabilidade de 15% na ação.

Quando o beta é inferior a 1, tem-se um ativo caracteristicamente defensivo, com um risco sistemático menor que o da carteira de mercado. Por exemplo, se $\beta = 0,90$ e o retorno esperado de mercado for igual a 10%, a melhor previsão do retorno da ação será 9%, equivalente a 90% da taxa de mercado (Ross, Westerfield e Jaffe, 2001).

O beta de uma ação representativa do portfólio composto de todas as ações do mercado é, por definição, igual a 1. Na prática, isso significa que, se o mercado subisse 10%, essa ação subiria 10%, e se o mercado caísse 30%, essa ação cairia 30%.

Por outro lado, o CAPM pode servir para determinar a taxa de retorno exigida nas decisões do investimento (R), ou seja, para definir a taxa mínima de atratividade do capital próprio (TMA), a qual tem por base a remuneração de um ativo livre de risco (R_f) mais um prêmio pelo risco identificado na decisão em avaliação e calculado como a diferença entre o retorno esperado pela carteira de mercado (R_m) e a taxa livre de risco. Essa estrutura admite, implicitamente, que o risco do ativo em questão é igual ao do mercado como um todo, sendo ambos remunerados pela mesma taxa de prêmio pelo risco. Essa hipótese, todavia, não ocorre com freqüência na prática, já que os ativos específicos geralmente apresentam níveis de risco diferentes daquele assumido pela carteira de mercado. Como foi dito, a medida que relaciona o risco de um ativo com o do mercado é o coeficiente beta. Logo, a expressão da taxa de retorno requerida por um investimento em condições de risco é generalizada da seguinte forma, que, na verdade, vem a ser a expressão do CAPM (Assaf Neto, 1999):

$$ER = R_f + \beta \cdot (ER_m - R_f)$$

> **EXEMPLO 6**
>
> A ação da empresa X apresenta um beta igual a 1,6, ou seja, seu risco sistemático é 60% maior que o risco do mercado como um todo. A taxa livre de risco é de 12%, e a expectativa dos investidores é de que a carteira de mercado atinja 20%. Determine a taxa mínima exigida pelo investidor da ação da empresa X.
>
> $\beta = 1,6$; $R_f = 12\%$; $R_m = 20\%$
>
> $R = R_f + \beta \cdot (R_m - R_f) = 12\% + 1,6 \times (20\% - 12\%) \therefore R = 24,8\%$
>
> O retorno esperado dessa ação deve ser, no mínimo, igual a 24,8%, que representa a taxa mínima de atratividade para o investimento nela.

A taxa esperada de retorno (*ER*) — exigida pelo investidor para compensá-lo pelo risco que carrega com o ativo —, calculada pelo CAPM, pode ser utilizada como a TMA do capital próprio nas avaliações econômicas de projetos de investimentos, para os cálculos dos indicadores econômicos do valor presente líquido (VPL) e do *payback* descontado, e como referência para a taxa interna de retorno (TIR).

Sendo *ER* (taxa esperada de retorno) igual à TMA do investidor, devemos interpretar *ER* como a taxa mínima exigida pelo investidor para aplicar seu capital no projeto de investimento sob análise, de forma a compensar os riscos calculados nesse projeto. Trata-se, na verdade, de uma taxa potencial de mercado, ou seja, se o investidor não quiser aplicar no projeto sob análise, poderá conseguir a taxa *ER* em uma aplicação alternativa com risco similar.

Custo do capital

O custo do capital é importante nas finanças corporativas em geral, mas particularmente na análise de projetos de investimento, a qual depende desse custo para estudar a viabilidade de um projeto ou para permitir a melhor escolha entre várias opções. Por outro lado, as empresas se interessam em conseguir o mínimo custo para o seu capital, uma vez que o capital é um fator de produção e cumpre determinar tal custo. O administrador financeiro deve tentar encontrar uma estrutura de capital da empresa ou do projeto em estudo que possibilite oferecer aos proprietários ou acionistas o retorno exigido por eles e, ao mesmo tempo, maximizar a riqueza da empresa.

Normalmente, a estrutura de capital de uma empresa consiste em capitais próprios e de terceiros, ou seja, capitais dos acionistas ou proprietários da empresa, e capitais tomados sob a forma de empréstimos ou alguma outra forma de captação de recursos. O custo do capital de terceiros é baseado nas taxas praticadas no mercado financeiro, enquanto o custo do capital próprio é definido pelas expectativas de retorno dos acionistas ou donos da empresa, com base nas características dos projetos futuros. Em conseqüência, o custo total do capital da empresa pode ser definido como a média dos custos financeiros das diversas formas de financiamento utilizadas em seus projetos.

Além disso, os principais métodos de análise de projetos requerem uma determinação, implícita ou explícita, da taxa mínima de atratividade (TMA). Como foi dito, essa taxa é utilizada diretamente como a taxa de juros de desconto nos critérios do VPL e do *payback*, e como padrão de comparação para a TIR.

A TMA faz parte necessariamente das análises de projetos, mas há controvérsia quanto à maneira de calcular essa taxa ou mesmo quanto ao uso de uma determinada TMA.

A TMA pode ser entendida como uma taxa mínima de atratividade no caso de um projeto de investimento, ou como uma taxa máxima de atratividade no caso de um projeto de financiamento. Em investimentos, a TMA representa a taxa mínima de retorno que torna atraente o projeto, enquanto no caso de financiamento a TMA é a taxa de juros máxima que se aceita pagar pelos recursos tomados.

Genericamente, o custo do capital de uma determinada fonte pode ser definido como a taxa que iguala o valor presente dos pagamentos futuros que serão feitos à fonte, ao valor de mercado do título em seu poder. Em outras palavras, é o custo máximo que um capital pode conseguir, caso todo o seu investimento fosse conseguido via financiamento, ou, ainda, a rentabilidade auferida, caso o capital financiasse integralmente certo projeto.

Custo do capital de terceiros

Quando o capital é de terceiros, os benefícios futuros podem ser conhecidos ou estimados, bastando conhecer o valor de mercado dos títulos para assim determinar o custo da dívida. Em muitos casos, como não existe mercado para esses títulos, o custo da dívida tem que ser determinado, ainda que de forma imperfeita, com base no que se supõe ser o valor de mercado dos títulos ou, ainda, com base no seu valor nominal.

Os juros das dívidas podem ser deduzidos do lucro tributável e, assim, influenciar o cálculo do imposto de renda. Dessa forma, calcula-se o custo da dívida, ou seja, as despesas financeiras incidentes, subtraindo dos benefícios pagos à fonte o desconto do imposto de renda a que a empresa tem direito por pagar juros. Isso resulta num custo para a dívida menor que a taxa de juros.

Exemplo 7

Uma empresa toma um empréstimo de R$50 mil para pagar, dentro de um ano, R$60 mil. Sem IR, a taxa de retorno é de 20% a.a., que é o custo da dívida. Com uma alíquota de 30% para o IR, a situação se altera. A entrada do principal não tem influência no lucro tributável, tampouco sua amortização, mas o pagamento de R$10 mil de juros é dedutível e reduz em R$3 mil o IR a pagar. A taxa de retorno do novo fluxo de caixa é de 14% a.a., que é o custo da dívida, levando-se em conta o IR.

Para calcular o custo do capital de terceiros, ou custo da dívida, com ou sem IR, deve-se elaborar o fluxo de caixa separando as entradas de capital, amortizações e juros, e incluir as reduções de IR trazidas pelos juros, já que, para uma mesma taxa de juros e uma mesma alíquota de IR, o custo da dívida varia conforme a duração do empréstimo e o esquema de amortização. Uma expressão aproximada para o cálculo do custo da dívida é a seguinte:

$$K_d = i_d \cdot (1 - IR)$$

K_d representa o custo do capital de terceiros, considerando o IR; i_d é a taxa de juros do empréstimo, ou seja, do capital de terceiros; e IR é a alíquota do imposto de renda, na forma unitária.

EXEMPLO 8

Utilizando-se a expressão do custo da dívida no exemplo 7:

$K_d = 0,20 \cdot (1 - 0,30) = 0,14 \Rightarrow 14\%$ a.a.

Custo do capital próprio

A determinação do custo do capital próprio é um pouco mais complexa do que no caso da dívida, porque aqui os benefícios futuros e o valor de mercado dos títulos são, em geral, menos explícitos.

De acordo com o conceito de custo de oportunidade do capital, o custo do capital próprio é a melhor remuneração que o investidor poderia conseguir empregando seu dinheiro numa aplicação alternativa. O custo do capital próprio é a rentabilidade mínima exigida por um investidor para suas aplicações, ou a melhor oportunidade de aplicação alternativa a um projeto que lhe seja apresentado.

Esse procedimento é adequado para empresas com apenas um proprietário ou com um número limitado de sócios, em que se pode considerar cada um uma fonte de capital próprio. Quando o capital da empresa é aberto, não se pode fazer isso, devendo-se novamente recorrer aos benefícios futuros e ao valor de mercado dos títulos.

Quando uma empresa emite ações e as coloca no mercado, ela está se comprometendo a remunerar aqueles papéis por meio de dividendos, embora estes não representem um compromisso tão rígido quanto o pagamento de juros e amortizações aos credores. De modo geral, porém, as empresas têm uma política de pagamento de dividendos que é de pleno conhecimento do mercado. A partir daí, cria-se uma expectativa de benefícios futuros que, junto com o valor de mercado da ação, vai determinar o custo do capital próprio da empresa. Obviamente, nenhum retorno para os acionistas é determinístico, nem os dividendos nem a sua taxa de crescimento, já que o pagamento de dividendos pode ser reduzido ou até mesmo cancelado, enquanto as expectativas de crescimento podem não se concretizar.

Todavia, em última análise, os investidores estão basicamente interessados em saber que retorno poderão conseguir numa aplicação ou num projeto de investimento, levando em conta os riscos envolvidos. Por conseguinte, a taxa de retorno mínima exigida pelos investidores deve ser composta de dois fatores: uma taxa livre de risco e uma recompensa pelo risco. Em virtude dessa constatação, utiliza-se o CAPM, como já visto, para determinar a taxa de retorno exigida nas decisões do investimento, ou seja, o custo do capital próprio.

Custo do capital total

Quando uma empresa utiliza uma estrutura de capital composta de recursos próprios e de terceiros, deve-se tomar a média dos custos de ambas as fontes, ponderada consoante a participação de cada uma, como critério para a determinação do custo do capital total. Em outras palavras, pode-se aplicar o conceito de custo de capital de uma certa fonte, própria ou de terceiros, para determinar o custo do capital da empresa (ou de um projeto), simplesmente unindo todas as fontes.

Uma boa estimativa do custo do capital da empresa é o custo médio ponderado do capital, mais conhecido pela sigla CMPC, que é a média ponderada dos custos das fontes de capital, usando como pesos os respectivos percentuais de participação de cada fonte no capital total da empresa ou do projeto. O CMPC (em inglês, *weighted average cost of capital* — WACC) é muito usado como estimador do custo do capital e tem a grande vantagem de tornar desnecessária a explicitação dos benefícios futuros de todas as fontes.

Então, se a empresa ou mesmo um projeto possui n fontes de capital, com custos $K_1, K_2, ..., K_n$, e valores de investimento ou de capital $C_1, C_2, ..., C_n$, o custo médio ponderado do capital será:

$$CMPC = (C_1 \cdot K_1 + C_2 \cdot K_2 + ... + C_n \cdot K_n) / C$$

$$C = C_1 + C_2 + ... + C_n$$

Desse modo, para determinar o custo do capital da empresa é necessário identificar, em seu passivo, quais são suas fontes de capital para, em seguida, determinar os seus custos e depois ponderá-los. No caso de haver apenas duas fontes de capital, uma de capital próprio, com custo K_s e participação percentual C_s, e outra de capital de terceiros, com custo K_d e participação percentual C_d, a expressão do CMPC passa a ter a seguinte forma:

$$CMPC = K_s \cdot C_s + (1 - IR) \cdot i_d \cdot C_d$$

O CMPC também pode ser considerado a taxa de retorno exigida para um projeto que possua capitais próprios e de terceiros em sua estrutura de investimentos e ser utilizado como a TMA do capital do projeto nas avaliações econômicas, para o cálculo do indicador econômico do valor presente líquido (VPL) e como referência para a taxa interna de retorno (TIR), bem como para o cálculo do *payback* descontado.

É importante ressaltar que o risco para o acionista aumenta quando a empresa está alavancada (com dívidas).

Exemplo 9

Um projeto da empresa X utilizará endividamento de longo prazo e financiamento de capital ordinário. Calcule a TMA do projeto proposto com base nas seguintes informações:

- taxa de juros livre de risco: 12%;
- beta de capital ordinário: 1,45;
- retorno esperado da carteira de mercado: 25%;
- custo da dívida esperado (antes do IR): 18%;
- proporção financiada da dívida: 60%;
- alíquota marginal de IR: 30%.

CAPM, $R = R_f + \beta \cdot (R_m - R_f)$, cálculo do custo do capital próprio:
$R = 12 + 1,45 \cdot (25\% - 12\%) = 30,85\%$
Pela expressão do CMPC: $K_s \cdot C_s + (1 - IR) \cdot i_d \cdot C_d$
$CMPC = 30,85\% \cdot 0,40 + (1 - 0,30) \cdot 18\% \cdot 0,60 = 19,90\%$ ↪ TMA

3

Fluxo de caixa dos investimentos e capital de giro

Este capítulo aborda dois aspectos bastante relevantes na administração empresarial. O primeiro abrange o processo de levantamento do fluxo de caixa de uma empresa, a determinação do fluxo de caixa livre (*free cash flow*) e as modalidades de projeção desse fluxo, destacando-se os pontos mais importantes e as variações mais comuns. O segundo é a análise do capital de giro, sua determinação, importância e administração numa política de curto prazo.

Determinação do fluxo de caixa

O levantamento do fluxo de caixa de uma empresa é a base principal para a sua avaliação e projeção adequadas. Uma importante fonte de dados utilizada é o conjunto de contas dos balanços e demais demonstrações contábeis da empresa.

Os resultados contábeis são influenciados por técnicas que nem sempre refletem o resultado de caixa financeiro real de um período. Os fluxos de caixa estão condicionados a valores históricos que, em geral, diferem dos valores atuais de mercado e são afetados pela depreciação e outras despesas não-financeiras. Os resultados contábeis, portanto, não são insumos suficientes para determinar o valor dos ativos da empresa.

A função das informações contábeis é auxiliar a construção de fluxos de caixa, o que fornecerá um resultado de caixa ajustado à realidade do mercado em que a empresa atua. São quesitos fundamentais para o levantamento de um fluxo de caixa (FC):

❑ trate a inflação de modo consistente; trabalhe com moeda constante, fazendo sempre referência a uma data-base;
❑ verifique o FC após os impostos; utilize o FC livre;
❑ considere os fluxos incrementais, e não os acumulados;
❑ inclua todos os efeitos do projeto (diretos e indiretos);
❑ ignore os custos passados e utilize preços atuais de mercado;
❑ observe que saída de caixa é saída de recursos financeiros, dinheiro; depreciação, por exemplo, não representa saída de caixa, e sim ajuste contábil;
❑ considere o efeito indireto da depreciação via redução na saída de caixa para pagamento de imposto de renda;
❑ considere os valores que efetivamente se esperam de despesas a pagar e receitas a receber.

A determinação do fluxo de caixa detalhado será de fundamental importância na operação de avaliação de empresas via desconto de fluxo de caixa. É possível trabalhar tanto com o fluxo de caixa da empresa (FCE) quanto com o fluxo de caixa livre do acionista (FCL), podendo-se chegar ao mesmo valor atual se os fluxos forem descontados, respectivamente, pela taxa obtida pelo custo médio ponderado de capital (CMPC) ou pelo modelo CAPM.

A determinação do fluxo de caixa segue o cronograma básico descrito a seguir:

Receitas brutas previstas (vendas ou receitas brutas)
− deduções sobre vendas
= receita operacional líquida
− custos de vendas (CMV ou CPV)
= lucro operacional bruto
− despesas operacionais[2]
= **lucro operacional líquido**   = **Ebitda**[3]
− depreciação e amortização
= Lajir (lucro antes do pagamento de juros e imposto de renda)
= Lair (lucro antes do IR)   = **Ebt**[4]
− imposto de renda
= lucro operacional após IR
+ depreciação e amortização[5]
− investimentos no imobilizado   = fluxo de caixa
− investimento em capital de giro (Δ NCG)   dos investimentos (FCI)
+ baixas do imobilizado (desinvestimentos)
= **fluxo de caixa livre da empresa (FCE)**
− despesas financeiras (com dedução do IR)
− amortizações de dívidas   = fluxo de caixa dos
+ novos financiamentos   financiamentos (FCF)
= **fluxo de caixa livre do acionista (FCA)**

Projeção do fluxo de caixa livre

O objetivo de toda análise é projetar o resultado futuro da empresa. Essa estimativa de resultado futuro permite ao admi-

---

[2] Despesas operacionais são as relacionadas exclusivamente às operações principais da empresa, ligadas à industrialização ou comercialização do produto ou ao serviço a que a empresa se destina.

[3] *Earnings before interest, tax, depreciation and amortization* = lucro antes de impostos, juros, depreciação e amortização.

[4] *Earnings before tax* = lucro antes dos impostos.

[5] A depreciação e a amortização são reincorporadas ao fluxo porque não representam saída de caixa efetiva e só foram abatidas para determinação do valor do lucro antes dos juros e imposto de renda (Lajir).

nistrador tomar decisões seja para antecipação de correções de desvios, seja para consolidação das políticas já implementadas.

Eventualmente, há casos em que se dispõe de informações precisas e objetivas sobre receitas, custos e despesas futuras, o que permite calcular confortavelmente os próximos fluxos de caixa. Essas informações podem ser contratos assinados, compromissos que representem intenção de negociação, encomendas realizadas ou outras semelhantes. Nesse caso, a projeção deverá ser feita integralmente com base nessas informações.

Caso você não possua esse tipo de informação, como acontece na maioria dos casos, deve utilizar os dados passados, estudando sua evolução em diversos períodos, obtendo índices verticais e horizontais para estabelecer, com base nesse passado, uma projeção de resultados.

Caso não existam informações sobre os negócios futuros, nem dados passados para análise, você pode utilizar dados eventualmente disponíveis de outras empresas semelhantes que atuem na mesma área para fazer uma avaliação comparativa e assim obter estimativas futuras de resultados.

São várias as formas possíveis de projeção de um fluxo de caixa. O principal instrumento de projeção utilizado é o cálculo de modelo de regressão com os dados passados disponíveis. Veja o exemplo a seguir.

Exemplo 10

Fluxo de caixa

Elabore o fluxo de caixa livre (FCL) de um projeto de investimento, a partir dos seguintes dados: investimento total de R$50 mil, sendo R$40 mil destinados ao imobilizado e R$10 mil ao capital de giro; financiamento de 60% desse investimento realizado à taxa de 15% ao ano pelo sistema de amortização constante (SAC); as receitas estimadas de R$35 mil por ano

continua

com custos fixos e variáveis de R$5 mil ao ano; alíquota do imposto de renda de 30%; depreciação anual dos ativos de R$10 mil durante os quatro anos do projeto; uma receita operacional extra, no quarto ano, no valor de R$15 mil.

Discriminação		Ano 0	Ano 1	Ano 2	Ano 3	Ano 4
+	Receitas		35.000	35.000	35.000	50.000
–	custos fixos e variáveis		–5.000	–5.000	–5.000	–5.000
–	depreciação		–10.000	–10.000	–10.000	–10.000
=	Lair (lucro antes do IR) = Ebt		20.000	20.000	20.000	35.000
–	imposto de renda		–6.000	–6.000	–6.000	–10.500
=	lucro operacional após IR		14.000	14.000	14.000	24.500
+	depreciação		10.000	10.000	10.000	10.000
–	investimento no imobilizado	–40.000				
–	investimento no capital de giro	–10.000				
=	fluxo de caixa da empresa (FCE)	–50.000	24.000	24.000	24.000	34.500
–	despesas financeiras (descontado IR)		–3.150	–2.363	–1.575	–788
–	amortização de dívidas		–7.500	–7.500	–7.500	–7.500
+	financiamentos	30.000				
=	fluxo de caixa do acionista (FCA)	–20.000	13.350	14.138	14.925	26.213

Em muitos casos, o fluxo de caixa está fortemente correlacionado com algum índice ou parâmetro externo à empresa, como a evolução do PIB do país, os preços de uma determinada *commodity* no mercado nacional ou internacional ou, ainda, o tamanho do mercado (*market share*). Os exemplos desses parâmetros de correlação são muito variados, conforme o tipo e o tamanho da empresa, o produto ou insumo principal com que ela trabalha, o mercado em que atua ou mesmo as características de seus clientes e fornecedores.

No caso de empresas do ramo de construção civil, por exemplo, podem-se utilizar como parâmetro informações sobre déficit ou superávit de construções e disponibilidade de financiamentos. No caso de empresa do setor de energia, a projeção de consumo (residencial e industrial) pode ser um excelente balizador auxiliar nas projeções.

As projeções serão tão mais refinadas quanto maior a quantidade e qualidade das informações obtidas.

No caso de projeção de resultado de uma empresa nova, sem concorrência, com produto inovador, não havendo nenhum parâmetro de comparação nem dados passados que sirvam de base, obviamente a análise tornar-se-á bem mais complicada.

Devido às incertezas inerentes às projeções, é comum incorporar, na análise de modelos de simulação, cenários para auxiliar a visualização das possibilidades de variações dos resultados calculados. Isso permite atribuir probabilidades de ocorrência a cada cenário. Um dos métodos mais utilizados é o de Monte Carlo, no qual se atribuem probabilidades a cada fator, como preço mínimo e máximo de venda estimado para cada produto ou para cada insumo, variações na fatia de mercado, alíquotas de impostos etc.

Análise de capital de giro

Por meio da análise das demonstrações financeiras e do fluxo de caixa, identificam-se a saúde, a capacidade de sobrevivência, o crescimento ou a insolvência de uma empresa. São várias as metodologias existentes para analisar a situação financeira da empresa. Basicamente, pode-se dividi-las em análise estática e análise dinâmica, a seguir discriminadas.

Análise financeira estática ou tradicional

Esse tipo de análise retrata a situação da empresa num determinado instante, mostrando sua condição e capacidade de pagamentos. O instrumento principal dessa forma de análise é o balanço patrimonial da empresa, donde se extraem indicadores de liquidez e de estrutura patrimonial.

A análise fundamentalista tem por objetivo básico diminuir o risco nos processos de tomada de decisão de investimentos em títulos das empresas. Nessa análise podem-se focalizar o nível de risco da empresa e o valor econômico que está vinculado à geração de caixa da empresa.

A análise financeira tradicional pode ser observada sob os seguintes aspectos:

- análise horizontal — corresponde ao estudo comparativo, em períodos consecutivos, da evolução das contas que compõem as demonstrações financeiras;
- análise vertical — é feita sobre o passivo mais o patrimônio líquido e corresponde ao estudo comparativo, ao longo do tempo, da composição percentual dos principais conjuntos de contas;
- análise de liquidez — corresponde à análise da capacidade da empresa de pagar pontualmente seus compromissos de curto prazo mediante a realização de seus ativos circulantes. Os principais indicadores de liquidez são:
  - índice de liquidez corrente: ILC = AC/PC, isto é, ativo circulante/passivo circulante; indica a capacidade da empresa para saldar seus compromissos de curto prazo (até um ano) com seus ativos de curto prazo;
  - índice de liquidez seca: ILS = (AC − Est)/PC, isto é (ativo circulante − estoques)/passivo circulante; indica a capacidade da empresa para saldar seus compromissos de curto prazo sem precisar zerar seus estoques e considera o fato de os estoques serem renováveis;
  - índice de liquidez imediata: ILI = disponibilidades/PC [(caixa + bancos)/passivo circulante)]; indica a capacidade de saldar todos os compromissos de curto prazo, de maneira imediata, utilizando dinheiro em caixa e títulos de liquidez imediata;

- análise econômica — corresponde à verificação da saúde da empresa pelos seguintes indicadores:
  - rentabilidade do capital próprio: indica o retorno em períodos ou a rentabilidade percentual dos recursos dos acionistas utilizados pela empresa;
  - rentabilidade do ativo total: mede a rentabilidade de todos os recursos utilizados pela empresa;
  - margem operacional: mede a relação entre o lucro operacional (LO) e a receita operacional líquida (ROL).

Existem cinco forças competitivas no mercado que influenciam o desempenho de uma empresa: a) bens substitutos; b) novos competidores (chamados *players*); c) pressão dos clientes; d) aumento da rivalidade competitiva; e) pressão dos fornecedores.

Análise financeira dinâmica ou moderna

A análise dinâmica deriva de uma crítica à análise financeira estática ou tradicional, baseada em índices de rentabilidade e de liquidez, pois estes últimos pressupõem que as obrigações de curto prazo serão sanadas com a realização de todo o ativo circulante. Isso somente seria possível com o fechamento da empresa. O que ocorre normalmente é a substituição de um ativo por outro, assim que ele é baixado.[6]

A análise financeira dinâmica considera a empresa funcionando normalmente, sendo sua capacidade financeira função de diversos fatores de ordem operacional e das decisões estratégicas tomadas pela administração. A análise dinâmica aborda

---

[6] Um ativo é baixado do balanço da empresa quando é realizado, ou seja, vendido (estoques de produtos acabados), recebido (contas a receber ou clientes) ou utilizado (caixa, estoque de matéria-prima).

o risco financeiro das empresas. Trata-se de um modelo integrado de análise que procura explicar as causas das modificações ocorridas na situação financeira de uma companhia. Nessa análise trabalha-se em três níveis:

- nível operacional, relacionado com o negócio da empresa;
- nível tático, relacionado com o curto prazo, geralmente contas de tesouraria;
- nível estratégico, relacionado com a alta administração da empresa.

Por exemplo, na antiga classificação contábil, para efeito de análise, considerava-se que algumas contas dos ativos eram realizáveis, como a conta de clientes e de estoques. Isto é correto na análise de solvência das empresas, mas incorreto na análise de liquidez.

As datas de recebimento de direitos e de cumprimento das obrigações podem estar descasadas, acarretando sérios problemas de liquidez. Além disso, a liquidação do estoque, caso ele exista, provavelmente será efetuada por um valor abaixo do preço do mercado.

Na verdade, a conta estoques não deve ser tida como passível de liquidação total, pois subentende-se que o nível de estoque seja constantemente reposto para dar continuidade aos negócios da empresa.

Por tratar-se de uma análise dinâmica, os principais indicadores são as seguintes medidas de prazos médios: vendas, estoques, pagamento a fornecedores e recolhimento de obrigações fiscais, discriminadas a seguir:

- Prazo médio de recebimento de vendas (PMRV): representa quanto tempo, em média, a empresa leva para receber por suas vendas. Obtém-se essa medida pela divisão do saldo da conta duplicatas a receber pelo volume médio de vendas diárias. O giro de vendas é obtido pela divisão de vendas brutas pelo saldo médio da conta duplicatas a receber (ou conta clientes).

PMRV = duplicatas a receber/vendas médias diárias ou PMRV = 360/giro de venda; onde: giro de vendas = vendas brutas/saldo médio das duplicatas a receber.

❏ Prazo médio de estoques (PME): mostra quanto tempo, em média, o estoque fica parado na empresa, aguardando até ser vendido. Quanto maior o tempo, maior o gasto para sua manutenção, devido ao custo do espaço de armazenagem, ao custo de oportunidade de seu valor financeiro, que deixa de ser aplicado, à possível deterioração e a diversos outros fatores relacionados a cada tipo de material estocado.

PME = 360/giro do estoque; onde: giro do estoque = custo das mercadorias vendidas/saldo médio do estoque.

❏ Prazo médio de pagamento a fornecedores (PMPF): representa quanto tempo, em média, a empresa leva para pagar seus fornecedores e é calculado pela relação entre o total das compras efetuadas, ou custo das mercadorias vendidas (CMV), e o saldo médio de contas a pagar (ou conta fornecedores).

PMPF = 360/giro de fornecedores; onde: giro de fornecedores = compras (ou CMV)/saldo médio de fornecedores.

❏ Prazo médio de recolhimento de obrigações fiscais (PMOF): mostra o tempo médio que a empresa tem para pagar seus tributos referentes às vendas efetuadas. É uma importante medida que auxilia na comparação com prazo de recebimento das vendas e prazo de pagamento aos fornecedores.

PMOF = 360/giro de impostos; onde: giro de impostos = impostos sobre vendas/obrigações fiscais.

Além dos indicadores de prazos médios e giros, existem os indicadores específicos de avaliação do capital de giro que são a base da análise dinâmica: CDG = capital de giro; NCG = necessidade de capital de giro; ST = saldo de tesouraria.

Capital de giro

A necessidade do capital de giro (NCG) resulta do descompasso entre contas a receber e contas a pagar. Uma forma simples de entender por que a análise e a administração do capital de giro de uma empresa são necessárias é observar o que sucede quando não o levamos em conta. Vejamos o exemplo a seguir.

Exemplo 11

Suponha que você é um empresário que acaba de montar uma empresa que pretende vender um único produto: óculos. O preço de venda de cada óculos é de $10 e a estimativa de vendas é a apresentada a seguir. Os custos variáveis por unidade são de $3,80 e os custos fixos são de $6 mil por mês. Todas as vendas são realizadas à vista e a alíquota do imposto de renda é de 30%.

Demonstração dos resultados projetados

	JAN.	FEV.	MAR.	ABR.
Vendas projetadas (unidades)	1.000	1.500	2.250	3.375
Faturamento ($)	10.000,00	15.000,00	22.500,00	33.750,00
Custos fixos	6.000,00	6.000,00	6.000,00	6.000,00
Custos variáveis	3.800,00	5.700,00	8.550,00	12.825,00
Lajir	200,00	3.300,00	7.950,00	14.925,00
IR	60,00	990,00	2.385,00	4.477,50
FCO	140,00	2.310,00	5.565,00	10.447,50

Agora suponha que todos os seus vendedores voltaram sem conseguir vender nada, alegando ser imprescindível conceder aos clientes um prazo de pagamento de 90 dias, pois esse é o padrão adotado por toda a concorrência na região.

Aceitando essa posição de mercado, você concede aos clientes o prazo de recebimento de 90 dias, mas procura negociar com seus fornecedores um

continua

aumento no prazo de pagamento para 60 dias. Além disso, você consegue 30 dias para pagar seus custos fixos (aluguel, salários, prestações assumidas). Eis o novo demonstrativo de resultados:

	JAN.	FEV.	MAR.	ABR.
Vendas projetadas (unidades)	1.000	1.500	2.250	3.375
Faturamento ($)	0,00	0,00	0,00	10.000,00
Custos fixos ($)	0,00	6.000,00	6.000,00	6.000,00
Custos variáveis ($)	0,00	0,00	3.800,00	5.700,00
Lajir ($)	0,00	−6.000,00	−9.800,00	−1.700,00
IR* ($)	0,00	−1.800,00	−2.940,00	−510,00
FCO ($)	0,00	−4.200,00	−6.860,00	−1.190,00

* Os valores negativos atribuídos a IR referem-se à alocação desses valores à conta de prejuízos acumulados que poderão ser compensados para abatimentos de lucros futuros. Trata-se de uma forma de benefício fiscal.

Como você pode perceber, essa empresa precisa dimensionar um valor que deve ficar apartado dos demais negócios operacionais para ser utilizado em movimentações financeiras nos períodos em que ela tiver de fazer pagamentos sem ter recebido os valores resultantes de suas vendas. Esse valor chama-se capital de giro.

Portanto, é preciso saber como dimensionar esse capital de giro e quando ele será necessário. Os dois fatores mais relevantes a serem considerados na administração do capital de giro são: prazos e estoques.

Um indicador estático de verificação do capital de giro de uma empresa é a diferença simples entre ativo circulante e passivo circulante. Indicador semelhante ao ILC = AC/PC.

A administração do capital de giro (ou capital circulante líquido) é uma grandeza complexa e fundamental no julgamento da situação de equilíbrio ou desequilíbrio financeiro de uma empresa.

Uma empresa está em equilíbrio financeiro quando seu gerenciamento produz fluxos financeiros de entrada, dimensionados e distribuídos ao longo do tempo, de tal forma que permitam saldar as necessidades financeiras dos fluxos de saída.

Existem empresas que possuem equilíbrio econômico, ou seja, suas receitas são superiores às despesas, mas apresentam grave desequilíbrio financeiro, correspondente a desequilíbrios nas datas de entrada e saída dos fluxos financeiros, levando à contratação de empréstimos ou até à insolvência de curto prazo.

A análise financeira dinâmica permite uma administração do capital de giro através do gerenciamento de liquidez, dos créditos de clientes, dos estoques e das diversas formas de passivo de curto prazo.

O capital de giro também pode ser medido pela diferença entre os passivos e os ativos não-circulantes da empresa. Quando é positiva (CDG > 0), essa diferença significa que os financiamentos tomados pela empresa atenderão o ativo permanente (imobilizado) e ainda sobrarão recursos para financiar o giro da empresa no curto prazo. Quando é negativa (CDG < 0), significa que a empresa financia parte de suas imobilizações com fundos de curto prazo, o que representa um perigo, pois ela terá de pagar um empréstimo de curto prazo com recursos provenientes no longo prazo.

São exemplos de passivos não-circulantes: passivo exigível de longo prazo, resultado de exercícios futuros e patrimônio líquido. São exemplos de ativos não-circulantes: ativo realizável a longo prazo e ativo permanente.

A decisão do administrador na composição do ativo e do passivo circulante influencia diretamente a relação (ou dela é decorrente) entre o risco a assumir e o retorno esperado. Caso decida aplicar grande parte dos recursos em ativo de alta liquidez, como caixa, bancos e títulos de liquidez imediata, a empresa terá optado por menor risco e, conseqüentemente, menor rentabilidade.

A opção por maior rentabilidade leva o administrador a direcionar seus recursos para ativos menos líquidos, investindo em estoques, duplicatas a receber ou ativos permanentes, que proporcionarão maiores retornos em prazos mais longos com contrapartida ao aumento do risco de liquidez.

Por lucratividade entenda-se a capacidade de gerar resultados líquidos positivos por meio de aumento das receitas ou redução de custos, e por risco, a probabilidade de a empresa tornar-se incapaz de pagar seus compromissos em dia.

O financiamento dos ativos da empresa se faz por meio de dívidas de curto prazo (passivo circulante) e fontes permanentes (exigível de curto e de longo prazos). Dentro do passivo circulante existem os chamados créditos naturais: fornecedores, salários a pagar, encargos sociais e obrigações fiscais, que são fontes não dispendiosas.

No passivo circulante, apenas os empréstimos de curto prazo e as duplicatas descontadas têm custos financeiros.

A figura 6 representa, esquematicamente, o balanço patrimonial de uma empresa. Nele você pode observar que o capital de giro (CDG) é a parcela do ativo circulante (AC) financiada por fontes permanentes. Quanto maior o CDG da empresa, maior sua liquidez e menor o risco de insolvência no curto prazo.

Assim, o capital de giro é representado por: CDG = AC − PC. Pode-se também afirmar que: CDG = (ELP + PL) − (RLP + AP).

Figura 6

REPRESENTAÇÃO DO CAPITAL DE GIRO A PARTIR DO BALANÇO

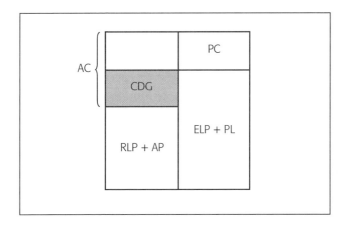

Necessidade de capital de giro

A necessidade de capital de giro (NCG), também conhecida como investimento operacional em giro (IOG) ou *working investment* (WI), é função da atividade da empresa e varia com as vendas e com o ciclo financeiro. A necessidade do capital de giro nasce do descompasso entre contas a pagar e contas a receber.

A NCG é a diferença entre os ativos e passivos circulantes cíclicos, de origem estritamente operacional, também chamados de ativos e passivos circulantes operacionais. A NCG é muito sensível às modificações no ambiente econômico em que a empresa opera.

Quando a necessidade de capital de giro é positiva (NCG > 0), os ativos circulantes operacionais são maiores que os passivos circulantes operacionais, ou seja, a empresa necessitará de recursos de fonte extra para ajudar a financiar suas operações por um determinado período.

Um bom exemplo de empresas com necessidade de capital de giro negativa (NCG < 0) são os supermercados e as empresas de transporte coletivo, que dispõem de recursos mediante a venda de seus produtos praticamente à vista, ou seja, antes de terem que pagar aos fornecedores.

São exemplos de ativos circulantes operacionais: clientes, estoques, despesas antecipadas e débitos de coligadas e controladas (identificado o caráter operacional). São exemplos de passivos circulantes operacionais: fornecedores, salários a pagar, impostos operacionais (IPI, ICMS), créditos de coligadas e controladas (de caráter operacional) e duplicatas a pagar.

A necessidade de capital de giro é obtida pela expressão: NCG = ACC – PCC (ativo circulante cíclico – passivo circulante cíclico).

Assim, a NCG mostrará qual é o capital de giro mínimo que a empresa precisa ter para, através da rotação de seu ativo circulante (AC), poder gerar recursos suficientes para pagar suas dívidas de curto prazo sem precisar recorrer a empréstimos onerosos de curto prazo. Essa rotação é decorrente do ciclo operacional de produção da empresa, em comparação com seu ciclo financeiro, como mostra a figura 7.

Figura 7
REPRESENTAÇÃO DA NECESSIDADE DE CAPITAL DE GIRO
A PARTIR DO BALANÇO

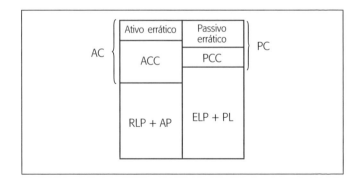

Considerando que o capital de giro é uma necessidade permanente da empresa, é razoável que ele seja financiado, preferencialmente, por recursos permanentes. O ativo e o passivo estão relacionados com o tempo. Algumas contas apresentam uma movimentação muito mais lenta quando comparadas a um conjunto de outras contas. Assim, numa análise de curto prazo, elas podem ser consideradas permanentes. Algumas contas apresentam um movimento contínuo e cíclico, enquanto outras apresentam movimentos descontínuos e erráticos.

O ativo circulante cíclico (ACC) corresponde às atividades operacionais da empresa cujas contas principais possuem financiamento espontâneo dado pela própria empresa, como duplicatas a receber e estoques. Chamam-se cíclicos porque são renováveis periodicamente assim que realizados, conforme o ritmo do negócio da empresa.

$$\text{Ativo cíclico} = \text{Duplicatas a receber} + \text{Estoques} + \text{Adiantamento a fornecedores} + \text{Despesas antecipadas}$$

O passivo circulante cíclico (PCC) corresponde às contas principais de financiamento espontâneo recebido pela empresa que estão diretamente relacionadas com a atividade operacional e são renováveis. São as contas de fornecedores, as despesas provisionadas (salários, impostos, obrigações previdenciárias) e os adiantamentos de clientes.

$$\text{Necessidade de capital de giro} = \text{Ativo circulante cíclico} - \text{Passivo circulante cíclico}$$

Assim, quando as saídas de caixa ocorrem antes das entradas de caixa, a empresa cria uma necessidade de aplicação permanente de fundos, a NCG.

A política de administração do capital de giro da empresa passa pela gestão de quatro fatores principais: vendas, política de estoques, prazos concedidos e prazos recebidos. A equação desses fatores determina a necessidade de capital de giro.

A NCG aumenta quando as vendas aumentam e vice-versa, com variações diretamente proporcionais. A NCG aumenta quando a empresa concede maiores prazos a seus clientes e diminui quando ela recebe maiores prazos de seus fornecedores.

Quanto aos estoques, um acúmulo maior de estoques aumenta a NCG, dada a imobilização temporária de recursos nesses estoques.

São exemplos de transações que aumentam o capital de giro:

- lucro líquido no exercício;
- tomada de empréstimo a longo prazo;
- integralização de capital pelos acionistas;
- transformação de realizável a longo prazo em ativo circulante;
- venda de bens do ativo permanente (à vista ou a curto prazo).

São exemplos de transações que reduzem o capital de giro:

- prejuízo no exercício;
- aquisição de bens para o ativo permanente (à vista ou pagamento a curto prazo);
- fornecimento de empréstimo a longo prazo;
- resgate de dívida a longo prazo;
- pagamentos de dividendos;
- aplicação de recursos no ativo diferido.

São exemplos de transações que não alteram o capital de giro:

- compra de mercadorias à vista ou a curto prazo;
- conversão de uma dívida de longo prazo em outra de longo prazo;
- recebimento de duplicatas a receber a curto prazo;
- venda de bens do ativo permanente recebível a longo prazo;
- conversão de empréstimos de longo prazo em capital;
- integralização de capital em bens do ativo permanente;
- aquisição de bens do ativo permanente, pagáveis a longo prazo;
- venda de estoques de produtos acabados à vista ou a curto prazo.

Saldo de tesouraria

O saldo de tesouraria (ST) pode ser mensurado pela diferença entre os ativos e os passivos circulantes de origem estritamente financeira, ou seja, contas erráticas do ativo menos contas erráticas do passivo, conforme observado na figura 7. Pode ser também calculado pela diferença entre o capital de giro (CDG) e a necessidade de capital de giro (NCG): ST = CDG – NCG.

Quando o saldo de tesouraria é positivo (ST > 0), isso significa que a empresa dispõe de fundos de curto prazo que podem ser aplicados quer no mercado financeiro, ampliando a margem de segurança financeira, quer no próprio negócio, expandindo sua atividade.

O fato de a empresa apresentar um saldo de tesouraria muito elevado por um longo período não significa uma condição excelente; ao contrário, pode significar que ela está deixando de fazer investimentos internos necessários ao seu crescimento.

São exemplos de ativos circulantes de origem financeira, ou contas erráticas do ativo: caixa, bancos e títulos.

São exemplos de passivos circulantes de origem financeira, ou contas erráticas do passivo: empréstimos e financiamentos bancários, duplicatas descontadas, adiantamentos de contratos de câmbio, imposto de renda a recolher e dividendos a pagar.

Tomando-se essas três variáveis, CDG, NCG e ST, é possível definir o perfil conjuntural e estrutural das empresas, observando a política financeira adotada e o próprio negócio da empresa.

Um excelente indicador, que funciona como um termômetro da saúde financeira da empresa, é a relação entre NCG e volume de vendas (NCG/vendas). Se o resultado dessa relação está subindo com o passar do tempo, isso deve servir de alerta ao administrador para que examine onde poderá efetuar mudanças para evitar estrangulamentos futuros de caixa. Note que esse indicador pode ser crescente mesmo com o aumento das vendas.

É importante fazer essa análise ao longo do tempo, identificando a tendência da necessidade de capital de giro da empresa e também o chamado efeito tesoura, situação na qual a necessidade de capital de giro aumenta proporcionalmente mais que a própria disponibilidade do capital de giro, sinal de que é preciso interferir urgentemente no processo de gestão.

Ciclo operacional e ciclo financeiro

Ciclo operacional é o período compreendido entre a chegada da matéria-prima, a produção, a venda e o recebimento pelo produto vendido, enquanto o ciclo financeiro é o período compreendido entre o pagamento da matéria-prima aos fornecedores e o recebimento pela venda dos produtos fabricados, como mostra a figura 8.

Figura 8

CICLOS OPERACIONAL E FINANCEIRO

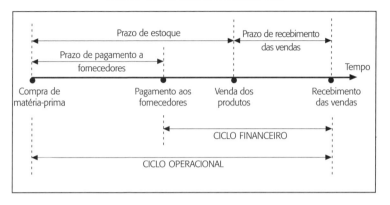

EXEMPLO 12
Ciclos operacional e financeiro

Considere uma empresa que apresente as demonstrações simplificadas apresentadas a seguir:

Estoques	30.000
Duplicatas a receber (clientes)	30.000
Contas a pagar (fornecedores)	20.000
Total de vendas efetuadas	150.000
Custo das mercadorias vendidas	90.000

Calcular o ciclo operacional e o ciclo financeiro da empresa:

PMRV = vendas/dupl. a receber = 150.000/30.000 = 5,0
 = 72 dias = (360/5,0)
PME = CMV/estoques = 90.000/30.000 = 3,0
 = 120 dias = (360/3,0)
PMPF = CMV/fornecedores = 90.000/20.000 = 4,5
 = 80 dias = (360/4,5)

continua

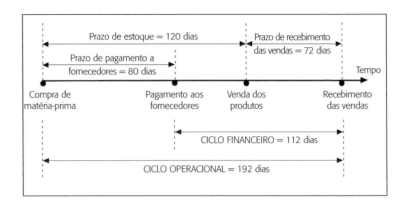

Política financeira de curto prazo

A política financeira de curto prazo de uma empresa pode ser dividida em dois componentes principais: magnitude de seus investimentos no ativo circulante e políticas de financiamento do ativo circulante.

A magnitude dos investimentos no ativo circulante é medida em relação ao nível de receitas operacionais da empresa. Uma política financeira flexível mantém uma alta proporção entre ativo circulante e vendas, enquanto uma política restritiva reduz essa proporção.

Uma política financeira flexível de curto prazo envolve:

- manutenção de saldo de caixa e de títulos de liquidez imediata em níveis elevados;
- elevados investimentos em estoques;
- ampla concessão de créditos, aumentando as contas a receber.

Uma política financeira restritiva de curto prazo envolve:

- manutenção de saldo de caixa e de títulos de liquidez imediata em níveis reduzidos;

- maior controle nos investimentos em estoques, gerenciando sua redução;
- concessão de créditos bem restrita; no limite, não se realizando vendas a prazo, a conta clientes a receber fica com saldo nulo.

Os saldos de ativos circulantes são máximos quando a política financeira de curto prazo é flexível, e mínimos quando essa política é restritiva.

A gestão dos ativos circulantes envolve uma conciliação entre custos que aumentam com o nível do investimento (custo de carregamento) e custos que diminuem com o nível de investimento (custo de falta).

Os custos de carregamento referem-se principalmente a custos de oportunidade, por estocar ativos circulantes que em geral possuem menor rentabilidade que os ativos de longo prazo. Consistem também em custos de carregamento e manutenção do valor em estoque (armazenagem).

Os custos de falta são, geralmente, de dois tipos: custo de pedido e custos relacionados a reservas de segurança. Os primeiros são decorrentes de emissão de pedidos, corretagens, fretes, programação de estoques etc. Os custos relacionados a reservas de segurança referem-se a vendas perdidas, deterioração do relacionamento com clientes, interrupção da atividade produtiva etc.

Em geral, os custos de falta estão relacionados com um baixo nível de estoques ou de caixa, o que pode tornar necessários pequenos empréstimos de curto prazo onerosos ou provocar atrasos na entrega de mercadorias em detrimento da confiabilidade da clientela.

A análise das políticas de financiamento do ativo circulante preocupa-se com o modelo de passivo circulante que melhor atenda às necessidades dos investimentos.

Pode-se avaliar o ponto de nível ótimo do ativo circulante pelo ponto de mínimo da curva de custo total do ativo circulante, como mostram as figuras 9, 10 e 11, onde P é o ponto de mínimo da curva de custo total do ativo circulante, e IO é o ponto ótimo do nível de investimento no ativo circulante.

Figura 9
POLÍTICA DE FINANCIAMENTO — CASO GERAL

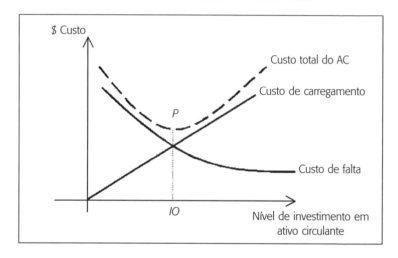

Figura 10
POLÍTICA DE FINANCIAMENTO FLEXÍVEL

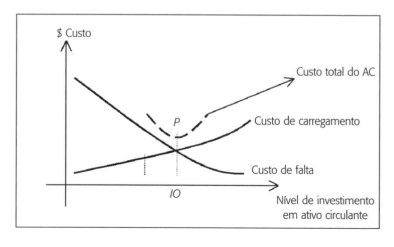

Figura 11

POLÍTICA DE FINANCIAMENTO RESTRITIVA

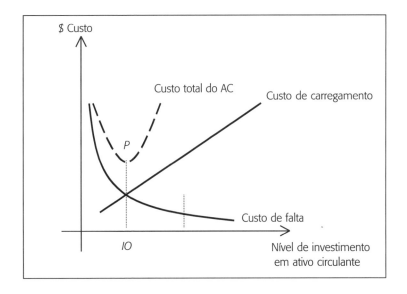

4

Critérios para análise de projetos

Para poder tomar decisões de investimento, deve-se analisar se os ativos terão condições de oferecer o desempenho desejado pelos investidores. Portanto, é preciso adotar certos critérios para analisar o desempenho futuro projetado (esperado) do ativo. Obviamente, uma análise, para ser eficaz, deve estar fundamentada em projeções corretas. Critérios adequados devem permitir ao analista aceitar ou rejeitar, comparar e classificar os diversos ativos sob análise.

Aqui serão apresentados os seguintes critérios:

- taxa média de retorno contábil;
- *payback* simples e *payback* descontado;
- valor presente líquido (VPL ou NPV em inglês);
- taxa interna de retorno (TIR ou IRR em inglês);
- índice de lucratividade líquida (ILL ou LI em inglês);
- racionamento de capital;
- ponto de equilíbrio (*break even*) — operacional, contábil e econômico.

Taxa média de retorno

Descrição e definição

Em todos os livros clássicos sobre finanças há uma advertência acerca de como não se devem analisar investimentos. Embora seja usado no mercado por algumas pessoas, esse critério é errado do ponto de vista conceitual porque não considera o valor do dinheiro no tempo. O critério é bem simples e direto: mede a relação entre o valor futuro de um ativo e o seu valor presente.

$$\text{Taxa média} = (VF/VP) - 1$$

Critério decisório

Quando se comparam dois projetos idênticos ou muito semelhantes, o melhor é aquele que apresenta a maior taxa média de retorno. O problema é que, como não consideramos o valor do dinheiro no tempo, estamos negligenciando aspectos importantes, tais como risco, inflação e prazo do investimento.

Vantagens

Facilidade de cálculo. Esse critério pode ser de alguma utilidade quando se quer comparar dois projetos idênticos que tenham sido adquiridos e alienados nas mesmas datas.

Desvantagens

A principal e definitiva desvantagem deste método é não considerar o valor do dinheiro no tempo. Está indicado nos principais livros de finanças como um exemplo do que não devemos fazer.

Conclusão

Muito inconsistente, não use. Esse critério vale apenas como advertência sobre como não se devem analisar investimentos.

> **EXEMPLO 13**
>
> Você comprou em 1990 um automóvel novo por $2 milhões e o vendeu em 1992 por $14 milhões. Qual é a taxa média de retorno?
>
> **Solução**: A taxa é 14.000.000 ÷ 2.000.000 = 7 − 1 = 6 = 600%
> Na realidade, sabe-se que a compra do autómovel não oferece um retorno de 600%: muito provavelmente, $2 milhões na data da compra do veículo valeriam mais do que $14 milhões em 1992.

Período *payback*: simples e descontado

Em inglês, *payback* quer dizer pagar de volta, e isso é exatamente o que o critério avalia: o tempo que um investimento leva para pagar de volta ao seu dono o investimento inicial. Existem duas formas de analisar um projeto de investimento pelo critério do *payback*: *payback* simples e *payback* descontado. Veja, a seguir, cada um deles.

Payback *simples (Ps)*

Descrição e definição

O critério consiste em somar os valores dos benefícios obtidos pela operação do projeto. O período *payback* é o tempo necessário para que esses benefícios totalizem o valor do investimento feito.

Critério decisório

O período de *payback* simples é quanto tempo um projeto demora para se pagar. Obtém-se essa medida simplesmente contando quantos períodos o projeto necessita para acumular um retorno igual ao do investimento realizado. Assim sendo, o investidor deve comparar o *payback* simples com a vida economicamente útil do ativo sob análise. Quando se comparam investimentos semelhantes, o critério é optar pelo que oferece menor período de *payback*.

Vantagens

A grande vantagem desse critério é sua simplicidade. Diante da projeção do fluxo de caixa, mesmo quem não tenha conhecimento de finanças consegue determinar o valor do período de *payback*. Além disso, para investidores ansiosos pelo retorno do investimento inicial, ele dá uma idéia de quanto tempo terão de esperar para que isso aconteça. Serve como medida indireta e aproximada da liquidez de um projeto.

Desvantagens

Duas desvantagens comprometem a eficácia desse critério. A primeira é um problema conceitual grave: ele não considera o valor do dinheiro no tempo. A segunda é que ele não dá qualquer atenção ao fluxo de caixa que vem após o período de *payback*.

Assim, um projeto pode retornar mais rapidamente o investimento inicial, mas não criar muita riqueza depois disso, enquanto outro pode demorar mais para reembolsar os valores investidos, mas trazer muita riqueza em seguida. Este último caso é típico de projetos de pesquisa e de alta tecnologia. Sua maturação é mais demorada, mas o volume de riquezas a receber costuma ser surpreendente.

Conclusão

A conclusão que você pode tirar é que esse critério não deve, de forma alguma, nortear a decisão de realizar ou não um investimento. Por outro lado, pode ser usado para satisfazer a curiosidade do investidor, dando-lhe uma idéia aproximada do tempo de maturação do investimento. Somente por isso o critério é aqui apresentado.

Exemplo 14

Seja um investimento na área da agricultura. O projeto custa $2 milhões para ser implantado hoje, prometendo pagar uma seqüência de fluxos de caixa durante cinco anos e então encerrar suas atividades. Qual é o período *payback* simples desse projeto?

$t=0$	$t=1$	$t=2$	$t=3$	$t=4$	$t=5$
–2.000.000	500.000	600.000	900.000	1.800.000	1.900.000

Período necessário para recuperar o investimento inicial (ao valor de face) = 3 anos.

Exemplo 15

Seja um investimento na área de mineração. O projeto custa $2 milhões para ser implantado hoje, prometendo pagar uma seqüência e fluxos de caixa durante cinco anos e então encerrar suas atividades. Qual é o período *payback* simples do projeto?

$t=0$	$t=1$	$t=2$	$t=3$	$t=4$	$t=5$
–2.000.000	2.000.000	1.000	1.000	1.000	1.000

Período necessário para recuperar o investimento inicial (ao valor de face) = 1 ano.

Você pode observar que o segundo projeto tem um *payback* menor (1 ano) que o do primeiro (3 anos), mas praticamente não fornece nenhum retorno expressivo após o primeiro ano.

Payback *descontado (Pd)*

Definição e descrição

O *payback* descontado visa conseguir corrigir uma das desvantagens do *payback* simples: não considerar o valor do dinheiro no tempo. Tal objetivo é alcançado pelo desconto ao valor presente dos fluxos de caixa do projeto sob análise.

Pelo critério do período do *payback* descontado, a primeira coisa que se deve fazer é determinar a taxa de remuneração do dinheiro no tempo considerada pelo investidor. Em seguida, devem-se calcular todos os valores presentes. A partir daí, tudo se passa como no critério do período de *payback* simples, só que o tempo necessário para o pagamento do investimento inicial é calculado com base não nos valores dos fluxos, e sim nos seus valores presentes. Veja os fluxos a seguir, considerando-se uma taxa de 10% ao ano:

Tempo	0 FC_0	1 FC_1	2 FC_2	3 FC_3
Valores	−400.000	110.000	121.000	266.200
Valor presente	−400.000	100.000	100.000	200.000

Observe que o período de *payback* descontado será de três anos, pois nem o primeiro nem o segundo períodos são suficientes. O período de *payback* deste projeto é de três anos.

Critério decisório

O critério decisório do *payback* descontado é análogo ao do *payback* simples. A única diferença é que o primeiro se baseia na soma aritmética dos fluxos de caixa, e o segundo, na soma dos valores presentes dos fluxos de caixa. Da mesma forma, o investidor deve comparar esse período de *payback* descontado com a vida economicamente útil do projeto sob análise.

Vantagens

A grande vantagem desse critério em relação ao anterior é que, pelo menos para a análise de um projeto isolado, ele é consistente do ponto de vista financeiro. Por outro lado, não tem a mesma simplicidade.

Desvantagens

Uma das desvantagens do critério do período de *payback* é não considerar os fluxos de caixa que ocorrem após o prazo de *payback*. Entretanto, é um critério muito importante quando temos limitações de tempo e prazo para o retorno dos investimentos em nossos projetos.

Conclusão

O critério do período de *payback* para análise de projetos é muito importante na comparação com os prazos necessários para o retorno dos investimentos. Por exemplo, se você tem um projeto que demora cinco anos para atingir o *payback* e as licenças para operação duram apenas quatro anos, este projeto é inviável.

EXEMPLO 16

Considere um projeto na área de turismo com uma taxa $Kp = 10\%$ ao ano, cujo custo inicial de implantação é de $3,5 mil. Com a perspectiva de retorno abaixo, determine o Pd desse projeto.

$t = 0$	$t = 1$	$t = 2$	$t = 3$	$t = 4$	$t = 5$
−3.500	1.100,00	1.210,00	1.331,00	1.464,10	1.610,51

Solução:

FC absoluto: −3.500,00 1.100,00 1.210,00 1.331,00 1.464,10 1.610,51
FC descontado: −3.500,00 1.000,00 1.000,00 1.000,00 1.000,00 1.000,00
Payback descontado = 3,5 anos se FCs do projeto forem contínuos
Payback descontado = 4 anos se FCs do projeto forem periódicos (discretos)

Valor presente líquido (VPL)

O critério do valor presente líquido (VPL) é o mais utilizado em análise de investimentos. Entretanto, como veremos adiante, não existem critérios melhores do que outros. Diferentes critérios medem diferentes aspectos de um projeto. O critério do período de *payback*, por exemplo, mede a riqueza a ser gerada e o VPL mede o lucro em termos absolutos. A taxa interna de retorno, que veremos adiante, mede a taxa de retorno, que um projeto fornece. O VPL é o critério mais utilizado por profissionais de finanças, pois permite interpretar facilmente os resultados.

Definição e descrição

Para compreender melhor o critério do VPL, é preciso lembrar que o VP de um projeto quer dizer o seu valor presente, e que I_o representa o investimento inicial necessário ou o custo para a aquisição ou implementação do projeto na data zero.

VPL é simplesmente a diferença entre o valor presente do projeto e o custo do projeto na data atual. VPL positivo significa que o projeto vale mais do que custa, ou seja, é lucrativo. VPL negativo significa que o projeto custa mais do que vale, ou seja, se for implementado, trará prejuízo.

$$VPL = VP - I_o$$

Portanto, basta calcular o valor presente de todos os fluxos de caixa — no sentido de série de valores — que se seguem à data zero e depois subtrair o investimento feito na data zero. Retorne ao fluxo de caixa já visto e calcule o VPL, considerando a mesma taxa de 10% ao ano.

Tempo	0	1	2	3
	FC_0	FC_1	FC_2	FC_3
Valores	−350.000	110.000	121.000	266.200
Valor presente	−350.000	100.000	100.000	200.000
O VPL será igual a: (100.000 + 100.000 + 200.000) − 350.000 = 50.000				

O critério decisório diz que um projeto só deve ser realizado se o seu VPL for nulo ou positivo, jamais se for negativo. Mas o que exatamente significa isso? Para calcular o VPL, primeiro é preciso determinar a taxa de desconto adequada. Por enquanto, chamemos essa taxa de taxa mínima de atratividade (TMA) do investimento, ou seja, a taxa mínima de rentabilidade que o projeto deve ter para que seja considerado rentável. Uma forma de indicar o cálculo do VPL a uma taxa de desconto k é VPL(k). Portanto, se VPL(k) = 0, o projeto tem um VPL=0 quando calculado com a taxa k. Isso significa que o projeto remunera exatamente a taxa k. Se VPL(k) = R, sendo $R > 0$, pode-se dizer que o projeto, além de conseguir remunerar a taxa k exigida, cria uma riqueza cujo valor presente é de R. Mas se o VPL(k) for negativo, pode-se dizer que, além de não conseguir atingir a rentabilidade k exigida, o projeto ainda destrói riqueza.

Vantagens

Uma delas é determinar o valor que é criado ou destruído quando se decide realizar um projeto. Outra vantagem é que o VPL pode ser calculado para diversas taxas mínimas de atratividade, para se fazer uma análise de sensibilidade em função de possíveis alterações nas taxas. Esse é o critério mais usado pelo mercado de capitais. Pode-se usar o VPL para classificar investimentos. Assim, havendo dois projetos, A e B, se VPL de A > VPL de B, isso significa que A é melhor do que B.

Como o VPL mede sempre os valores atuais (valor presente), você pode adicionar ou subtrair VPLs. Suponha que haja dois projetos, A e B. O VPL da combinação desses dois projetos será: VPL de (A + B) = VPL de A + VPL de B. A vantagem dessa característica operacional com o VPL é que você pode separar os projetos A e B, analisá-los separadamente e escolher um ou outro, ou os dois. Em suma, pode-se dizer que o VPL é certamente o melhor dos critérios.

Desvantagens

Como todos os demais critérios, ele exige que o fluxo de caixa futuro seja estimado. Exige também que a taxa a ser usada para cálculo do VPL seja corretamente determinada.

Conclusão

O VPL é um critério internacionalmente aceito pelos profissionais de finanças. É conceitualmente correto e, em conjunto com outros critérios, leva a decisões financeiras adequadas. Mas isso não impede que outros critérios venham a complementá-lo, fornecendo informações adicionais sobre o projeto, como por exemplo o critério do *payback* descontado.

EXEMPLO 17

a) O projeto TOP custa hoje $1,2 milhão. Segundo avaliadores experientes, seu valor presente é $2 milhões. Qual é o VPL do projeto TOP?

Solução:
VPL = VP − custo ⇒ VPL = 2.000.000 − 1.200.000 ⇒ VPL = 800.000

b) O projeto Tabajara custa hoje $3 mil. Espera-se que ele gere os seguintes resultados líquidos nos próximos três anos: $1.100,00 em $t = 1$; $ 1.210,00 em $t = 2$; e $1.331,00 em $t = 3$.

Calcule o VPL do projeto Tabajara, considerando duas taxas de retorno: uma de 15% ao ano e outra de 5% ao ano.

Solução:
Eis a representação dos FCs do projeto Tabajara:

$t = 0$	$t = 1$	$t = 2$	$t = 3$
−3.000	1.100	1.210	1.331

Considerando a taxa de 15% a.a.

VPL = VP − custo

VPL = [1.100 / (1 + 0,15) + 1.210 / (1 + 0,15)² + 1.331 / (1 + 0,15)³] − 3.000

VPL = (253,39)

Considerando a taxa de 5% a.a.

VPL = VP − custo

continua

VPL = [1.100 / (1 + 0,05) + 1.210 / (1 + 0,05)² + 1.331 / (1 + 0,05)³] − 3.000

VPL = 294,89

Observação:
VPL é função da taxa de desconto. Uma empresa que tenha custo de capital de 5% considerará o projeto Tabajara lucrativo. Uma empresa que tenha um custo de capital de 15% não investirá no projeto Tabajara.

Taxa interna de retorno (TIR) ou *internal rate of return* (IRR)

Esse é, de longe, o critério mais controverso. A taxa interna de retorno foi por muitos anos o critério preferido de análise de investimentos. Porém, estudos mostraram que esse critério é extremamente perigoso, podendo levar a conclusões equivocadas. Ross, Westerfield e Jaffe (2001) advertem sobre as armadilhas em que se pode cair ao utilizar o critério da taxa interna de retorno. Mais adiante veremos alguns dos principais problemas que podem surgir.

Definição e descrição

Para que se possa entender a descrição do critério, é preciso primeiramente definir a taxa interna de retorno (TIR). A TIR é a taxa que anula o VPL. Em outras palavras, a TIR é a taxa pela qual o VPL de um projeto é zero. Portanto, uma forma de obter a taxa interna de retorno é traçar o gráfico da variação do VPL em função de variações da taxa de desconto. A taxa de desconto que anular o VPL é, então, chamada de taxa interna de retorno. O problema é que não existe uma forma simples de se calcular a taxa interna de retorno. Para um ativo que apresente n períodos de operação, teremos uma equação do grau n

para resolver. Serão obtidas, na maioria dos casos, n raízes. Se não houver mudanças no sinal dos fluxos de caixa após $t = 0$, teremos apenas uma raiz positiva: a TIR. Se houver mudanças no fluxo de caixa, provavelmente teremos mais do que uma raiz positiva e não haverá uma solução única. Na prática, a TIR é obtida por um critério de aproximações com base no cálculo numérico, o chamado critério de Newton-Raphson. É preciso utilizar uma calculadora, ou um programa como o Excel, para se chegar à resposta. O programa dá um valor inicial qualquer para a taxa e calcula o VPL; depois, produz alterações nessa taxa até fazer o VPL chegar a zero. Então, o programa considera que a resposta foi encontrada, uma vez que a taxa interna de retorno nada mais é que a taxa que anula o VPL.

Critério decisório

A maioria dos ativos (um projeto, por exemplo) tem um fluxo de caixa que pode ser assim resumido: na data zero investe-se um valor e a partir daí o projeto só fornece benefícios, isto é, fluxos de caixa positivos. Nesse caso, diz-se que o fluxo de caixa tem apenas uma inversão de sinal. Que vem a ser uma inversão de sinal? É quando o fluxo de caixa muda de positivo para negativo — ou vice-versa — apenas uma vez. Voltando ao exemplo Tabajara:

$t = 0$	$t = 1$	$t = 2$	$t = 3$
−3.000	1.100	1.210	1.331

Pode-se afirmar que esse fluxo muda o sinal apenas uma vez. Mas, qual a importância de haver apenas uma inversão de sinal? É que, matematicamente, se o fluxo tiver uma única inversão de sinal, poderá haver somente uma taxa interna de retorno positiva. No caso mencionado, pode-se então garantir que, se houver taxa interna de retorno, esta será única e positiva. Por meio de uma calculadora financeira, pode-se estimá-la em 10% ao ano. Lembre-se que, quando calculamos o VPL (5%) para o projeto Tabajara, obtivemos um valor positivo. Não é para menos, pois se estava exigindo uma rentabilidade mínima de 5% ao ano de um projeto com uma rentabilidade intrínseca de 10% ao ano. Então, para que se possa investir no projeto, a TIR deve ser superior ou, na pior das hipóteses, igual à taxa mínima de retorno exigida. Mas se a TMA for 15%, então TIR < TMA; logo, não se deve investir.

Que acontece se houver mais de uma TIR? Se houver mais de uma TIR, não há como comparar a taxa mínima de atratividade de maneira unívoca e, conseqüentemente, não se pode usar a TIR. Observe que, muitas vezes, a calculadora ou o Excel fornece um valor da TIR, mas não adverte que pode existir mais de uma. O número de TIRs pode ser igual ao número de inversões de sinal do fluxo. Portanto, só se pode usar o critério da TIR com segurança quando é certo que há somente uma inversão de sinal.

Vantagens

A grande vantagem do critério é permitir que todo o projeto se resuma a um único número: a sua rentabilidade intrínseca. Por isso o critério continua sendo tão usado. Outra vantagem é que, no mercado financeiro, quase todos os fluxos de caixa dos investimentos possuem uma única inversão de sinal. A TIR tem um critério de aceitação definido: TIR > TMA. Assim, a TIR é amplamente usada no mercado financeiro, tornando bem simples a análise dos investimentos.

Desvantagens

A principal desvantagem é o risco de se usar o critério quando há mais de uma inversão de sinal. Nesse caso, podem-se encontrar várias TIRs positivas. Usando uma delas, você estará incorrendo em erro. A TIR pode levar a equívocos quando utilizada para comparar diferentes projetos: TIR(A) > TIR(B) não significa que o projeto A seja superior ao projeto B. A TIR não diferencia os projetos lucrativos daqueles que causam prejuízos.

Problemas que podem surgir

Eis algumas situações nas quais o método da TIR para análise de investimentos não é conclusivo:

a) Emprestando ou tomando emprestado

Suponha os seguintes projetos:

Projeto	FC_0	FC_1	TIR	VPL (10%)
A	−100	150	50%	150/1,1 − 100 = +36,36
B	100	−150	50%	−150/1,1 + 100 = −36,36

Ambos os projetos têm uma TIR de 50%. O critério da TIR não consegue diferenciar projetos que dão prejuízo (B) dos que dão lucro (A).

b) Múltiplas taxas internas de retorno

Suponha o seguinte projeto:

	FC_0	FC_1	FC_2	TIR	VPL (10%)
Projeto	$ −4.000	$ +25.000	$ −25.000	25,0% e 400,0%	$ −1.934

Poderão existir tantas TIR quantas forem as vezes que o sinal do fluxo de caixa mudar. Em situações como essa, um projeto pode ter VPL positivo em determinada faixa de valores de taxa de desconto e VPL negativo em outras faixas.

c) Equívocos em decisões sobre projetos mutuamente exclusivos

Projeto	FC_0	FC_1	TIR	VPL (10%)
A	–10	20	100%	20/1,1 – 10 = 8,18
B	–20	35	75%	35/1,1 – 20 = 11,82

Aplicando aos projetos A e B diferentes taxas de desconto, tem-se:

Taxa (%)	0	10	15	20	25	50	60	75	100
VPL projeto A	10,00	8,18	7,39	6,67	6,00	3,33	2,50	1,43	0,00
VPL projeto B	15,00	11,82	10,43	9,17	8,00	3,33	1,88	0,00	–2,50

Por meio de um gráfico, pode-se verificar que o projeto B só possui VPL maior que o de A quando a taxa de desconto é menor do que 50%. Note que a taxa interna de retorno de um projeto não muda. Pelo método da TIR, o projeto A seria superior; porém, dependendo da taxa de desconto, o projeto B pode ser superior.

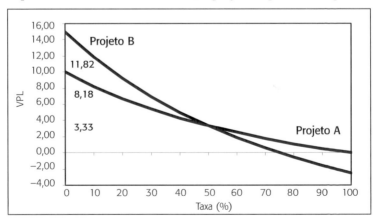

Às vezes, a calculadora ou o Excel adverte que pode haver mais de uma TIR. Quando isso não acontece, o critério pode levar a uma decisão de investimento aparentemente correta mas que, na prática, destrói riqueza.

Conclusão

A taxa interna de retorno deve ser usada apenas por pessoas que conheçam todas as armadilhas e saibam como contorná-las, e, ainda assim, somente se o fluxo de caixa a ser analisado tiver uma única inversão de sinal. Caso contrário, não deve ser utilizada.

EXEMPLO 18

a) O projeto B2B custa $1 mil e deve durar apenas um ano, após o qual deverá fornecer um resultado líquido final de $1,2 mil. Qual é a TIR desse projeto?

Solução:
Visto que a TIR é a taxa que faz o VPL = 0
VPL = VP − custos (I_o)
VPL = $\Sigma FC_t / (1 + k)^t$ − custos (I_o)
$\Sigma FC_t / (1 + TIR)^t − I_o = 0$
$\Sigma FC_t / (1 + TIR)^t = I_o$
$FC_t / (1 + TIR) = I_o$
$(1 + TIR) = FC_t / I_o$
$(1 + TIR) = 1.200/1.000 = 1,2$
TIR = 0,2 = 20%

b) Qual é a TIR do projeto Brasil? Esse projeto de investimentos em construção civil custa hoje $1 milhão e promete pagar aos seus investidores um único fluxo de caixa no valor de $1,3 milhão em $t = 1$. Considerando que o CPMC do projeto é de 20% ao ano, você investiria?

Resposta: Sim, você pode investir. A TIR é de 30%.

continua

c) Calcule a TIR para um projeto que custe $4 mil e possua $FC_1 = 2.000$ e $FC_2 = 4.000$.

Solução:

$4.000 = 2.000 / (1 + r) + 4.000 / (1 + r)^2$

$4.000 (1 + r)^2 = 2.000 (1 + r)^2/(1 + r) + 4.000 (1 + r)^2/(1 + r)^2$

$4.000 (1 + r)^2 - 2.000 (1 + r) - 4.000 = 0$

$4.000 (1 + 2r + r^2) - 2.000 (1 + r) - 4.000 = 0$

$4r^2 + 6r - 2 = 0$

Lembre-se de que: $[-b (+/-)\sqrt{(b^2 - 4ac)}] / 2a$

$[-6 +/- \sqrt{(36 + 32)}] / 8 = [-6 +/- \sqrt{(68)}] / 8 = [-6 +/- 8,24] / 8$

$[-14,24 / 8] = -1,78$ e $[2,24/8] = +0,28$

Resposta: TIR = 28%

Observação: Aceitar o projeto se a taxa de desconto apropriada for menor do que a TIR.

Qual é a TIR do projeto Tabajara, apresentado anteriormente?

Visto que o projeto Tabajara apresenta três fluxos de caixa após o investimento inicial, se você tentar resolver pela fórmula chegará a uma equação de 3º grau. Utilize a calculadora financeira para os cálculos.

Utilizando uma calculadora financeira:

- 3.000 CF_0
  1.100 CF_1
  1.210 CF_2
  1.331 CF_3

Obtém-se IRR = 10.

Resposta: TIR = 10%.

Índice de lucratividade líquida (ILL)

Descrição e definição

O ILL é uma medida relativa. Mede a relação entre o valor recebido e o custo do investimento. ILL é medida relativa de benefício/custo.

$$ILL = VP/I_o$$

Pela definição de índice de rentabilidade, e sabendo-se que o VPL não pode ser negativo, conclui-se que o índice de rentabilidade terá sempre de ser maior ou igual a 1 para que o VPL não seja negativo.

Critério decisório

Ao empregar o ILL para análise de projetos, deve-se decidir assim: se o ILL for menor que 1, o projeto não deve ser executado. O IR costuma ser usado da seguinte maneira: primeiro, selecione apenas os projetos que tenham VPL não-negativo; em seguida, relacione-os por ordem decrescente de índice de rentabilidade líquida; por fim, selecione os projetos com maior ILL até o ponto em que o total de investimento inicial tenha atingido o limite imposto pelo racionamento de capital, como visto adiante.

Vantagens

Enquanto o VPL fornece um valor absoluto, o ILL fornece um valor relativo que pode ser interpretado como o benefício líquido de caixa por unidade de real investido. Assim, o índice de rentabilidade mostra os investimentos que possuem maior rentabilidade por unidade de real investido. Mas não se deve esquecer que o objetivo final do administrador é maximizar o VPL total.

Desvantagens

O índice de rentabilidade apresenta desvantagens semelhantes às da TIR e, portanto, deve ser usado com cautela. Não se deve jamais selecionar projetos que sejam mutuamente excludentes, utilizando o índice de rentabilidade. Outra desvantagem, que pode ser compensada pelo uso paralelo do VPL, é que, sendo uma medida relativa, o ILL não indica o volume de riqueza que está sendo gerado. Assim, pode-se ter um projeto que aproveita muito bem o investimento inicial mas, em termos absolutos, gera pouca riqueza.

Conclusão

Pode-se concluir que não se deve usar o índice de rentabilidade para selecionar projetos ou para decidir entre dois projetos quando eles são mutuamente excludentes. Deve-se ter em mente que o ILL é um critério que mede o retorno relativo, e não o absoluto.

EXEMPLO 19

Qual é o ILL do projeto CDS, que apresenta taxa $k = 10$ e os seguintes fluxos de caixa ao longo do tempo?

$t = 0$	$t = 1$	$t = 2$	$t = 3$
−2.000	1.100	1.210	1.331

Solução:

VP receitas $= 1.100 / (1 + 0,1)^1 + 1.210 / (1 + 0,1)^2 + 1,331 / (1 + 0,1)^3 = 3.000$

VP custos $= 2.000$

ILL $= 3.000/2.000 = 1,5$

Resposta: O ILL é 1,5. Ou seja, o investidor vai receber uma vez e meia o que investir.

Ponto de equilíbrio (*break even*)

Um projeto ou uma empresa deve operar visando obter resultados positivos que paguem os custos operacionais e os impostos e remunerem o capital aplicado pelos investidores. Se a empresa produzir muito pouco (bens ou serviços), provavelmente não obterá um faturamento suficiente para pagar todas as suas obrigações e apresentará prejuízo. Por outro lado, se as operações estiverem em níveis satisfatórios, espera-se que o faturamento seja suficiente para pagar as suas obrigações e ainda gerar lucro para os seus investidores (proprietários). Um dos objetivos do critério do ponto de equilíbrio é determinar a quantidade mínima que deve ser produzida e vendida a fim de equilibrar receitas e despesas.

Definição e descrição

A quantidade que coloca um projeto em seu ponto de equilíbrio (*break even*) é aquela que deve ser produzida e vendida (bens ou serviços) a fim de que o faturamento seja igual aos custos. Nessa condição, o projeto não produz lucro ou prejuízo. Produzindo e vendendo uma quantidade maior, haverá lucro; se a quantidade for menor, haverá prejuízo.

Principais pontos de equilíbrio

a) Ponto de equilíbrio operacional: faturamento igual aos custos operacionais. Operar no ponto de equilíbrio operacional implica ter lucro operacional zero.

PE operacional: $P.Q = CV.Q + CF$

b) Ponto de equilíbrio contábil: faturamento igual aos custos contábeis. Operar no ponto de equilíbrio contábil implica ter lucro contábil zero.

PE contábil: $P.Q = CV.Q + CF + depr. + IR.(P.Q - CV.Q - CF - depr.)$

c) Ponto de equilíbrio econômico: faturamento igual aos custos econômicos. Operar no ponto de equilíbrio econômico implica ter lucro econômico zero.

PE econômico: P.Q = CV.Q + CF + C.cap + IR. (P.Q – CV.Q – CF – Depreciação)

onde: C.cap é o custo do capital, IR é a alíquota do imposto de renda, e depr., a depreciação contábil periódica que reduz a base tributável.

O ponto de equilíbrio relevante para análises financeiras é o ponto de equilíbrio econômico, que determina a quantidade mínima suficiente para pagar os custos operacionais e os impostos e remunerar adequadamente os investidores.

Vantagens

O ponto de equilíbrio econômico é absolutamente compatível com o VPL. Quando uma empresa opera exatamente no ponto de equilíbrio econômico, o VPL é zero. O ponto de equilíbrio serve para orientar os administradores quanto às metas de venda mínimas. É um critério bastante abrangente e serve para a tomada de decisões estratégicas, tais como o lançamento de novos produtos, a retirada de produtos de linha de produção ou o dimensionamento da capacidade mínima a ser instalada para viabilizar um projeto.

Desvantagens

Os pontos de equilíbrio operacional e contábil não incorporam os custos financeiros, razão pela qual não se aplicam a decisões financeiras. Existem algumas dificuldades que não chegam a ser desvantagens. Por exemplo, se a empresa (ou projeto) sob análise produz um único produto, é muito fácil determinar o ponto de equilíbrio econômico. Quando o ponto de equilíbrio (*break even*) não é atingido, deve-se retirar o produto. Porém, é necessário calcular o ponto de equilíbrio para cada produto. Se a empresa produz diferentes produtos, não é fácil alocar corretamente os custos fixos para cada um deles. Além disso, algumas relações intangíveis são difíceis de avaliar. Por exemplo, muitas vezes a existência de um produto alavanca as vendas de outro. Retirar de linha um produto que não atinge o ponto de equilíbrio pode, indiretamente, prejudicar as vendas de outro produto com boas vendas. Os restaurantes podem não ter lucro com o cafezinho, mas a falta desse produto pode prejudicar as vendas das refeições.

Conclusão

Como vimos, o ponto de equilíbrio é de grande utilidade na tomada de decisões administrativas sobre as operações de uma empresa ou de um projeto. É um critério conceitualmente correto. Mesmo quando a empresa opera com diversos produtos, o que torna os cálculos mais complexos, não é mais difícil usar o critério do ponto de equilíbrio do que o critério do VPL.

Alguns exemplos

a) Considere que o projeto de instalação de uma fábrica de latas de alumínio tenha como meta produzir 1 milhão de latas por mês. Segundo os cálculos, o ponto de equilíbrio econômico será atingido com a produção e venda de 1.250.000 latas por mês. Vale a pena investir nesse projeto?
Resposta: Não. Mesmo que funcione a plena capacidade, a fábrica apresentará prejuízo.
b) Uma montadora asiática está disposta a estabelecer sua nova fábrica de automóveis na Região Centro-Sul do Brasil. Após

intensa negociação com as autoridades locais, foi acordado que o município fornecerá o terreno para a implantação da fábrica por um prazo de 10 anos. A fábrica ficará isenta de todos os impostos, à exceção do imposto de renda, cuja alíquota está fixada em 40%. O valor dos investimentos diretos (valor atual) para a implantação da fábrica está orçado em R$150 milhões. Considere todos os investimentos como totalmente depreciáveis. Após 10 anos, a fábrica deverá comprar o terreno ou fechar, sendo o terreno devolvido ao governo local. O preço de venda de cada automóvel está estimado em R$3,8 mil. O tamanho do mercado para esse tipo de automóvel é 10 milhões de unidades por ano. A intenção é obter logo de início, e manter, uma fatia de 1% desse mercado. Os custos variáveis por unidade (automóvel produzido) são estimados em R$3 mil. Os custos fixos serão de R$32 milhões por ano. A depreciação é linear, e a taxa de retorno que os investidores esperam obter com os investimentos nessa fábrica é de 12% ao ano. Considere que não haverá crescimento nas vendas durante esses 10 anos. Todo o investimento é financiado pelos sócios. A partir dessas premissas, calcule o VPL da operação e o *break even* econômico.

Estruture a seguinte tabela para os resultados esperados:

	Ano 0	Ano 1-10
Investimento (em milhões)	–150	
Receitas (faturamento)		380
– custos variáveis totais		300
– custo fixo		32
– depreciação		15
= Lajir		33
– despesas financeiras (juros)		0
= Lair		33
– imposto de renda (40%)		13,2

continua

	Ano 0	Ano 1-10
= lucro líquido		19,8
+ depreciação		15
= fluxo de caixa operacional		34,8
Fluxo líquido de caixa	–150	34,8

- Cálculo do VPL
  $VPL = -150 + \sum_{t=0}^{10} [34,8 / (1,12)^t] = 46,627$ milhões
- Cálculo do ponto de equilíbrio (*break even*)
  Comparação com medidas tradicionais de ponto de equilíbrio

  Medida de caixa operacional:

  P.Q = CV.Q + CF, onde Q = 40.000 ano.

  Caixa operacional = 0.

  Medida de custos contábeis:

  P.Q = CV.Q + CF + D + IR(P.Q – CV.Q – CF – D), onde Q = 58.750 ano.

  Lucro contábil = 0.

  Medida de custos econômicos:

  P.Q = CV.Q + CF + C.cap + IR(P.Q – CV.Q – CF – D), onde Q = 82.808 ano.

  VPL = 0.

Observação: Quando você estiver calculando o número mínimo de produtos (por exemplo, automóveis), não é admissível uma resposta fracionária. Arredonde para o próximo inteiro.

Cálculos: Confirme os valores encontrados para os diversos pontos de equilíbrio no caso do fabricante de veículos.

Solução:

a) Cálculo do ponto de equilíbrio operacional
P.Q = CV.Q + CF
Q = CF / (P – CV) = 32.000.000 / (3.800 – 3.000) = 40.000

b) Cálculo do ponto de equilíbrio contábil

P.Q = CV.Q + CF + D + IR.(P.Q − CV.Q − CF − D)
P.Q = CV.Q + CF + D + IR. P.Q − IR CV.Q − IR CF − IR D)
P.Q − CV.Q − IR. P.Q + IR CV.Q = CF + D − IR CF − IR D
Q = [CF + D − IR CF − IR D] / [P − CV − IR. P + IR CV]

c) Cálculo da depreciação (considerada linear)

Taxa de depreciação do imobilizado: linear durante 10 anos:

R$150.000.000/10 = 15.000.000

Voltando à fórmula:

Q = [CF + D − IR CF − IR D] / [P − CV − IR. P + IR CV]
Q = [32 + 15 − (0,4) 32 − (0,4) 15] (10^6) / [3.800 − 3.000 − (0,4) 3.800 + (0,4) 3.000]
Q = 28.200.000 / 480 = 58.750

d) Cálculo do custo de oportunidade periódica do capital

PV = 150.000,00
K = 12%
N = 10
FV = 0
PMT = ??? = 26.547.624,62

e) Cálculo do ponto de equilíbrio econômico

P.Q = CV.Q + CF + C.cap. + IR.(P.Q − CV.Q − CF − D)
P.Q = CV.Q + CF + C.cap. + IR. P.Q − IR CV.Q − IR CF − IR D
P.Q − CV.Q − IR. P.Q + IR CV.Q = CF + C.cap. − IR CF − IR D
Q = [CF + C.cap. − IR CF − IR D] / [P − CV − IR. P + IR CV]
Q = [32 + 26,54762462 − (0,4)32 − (0,4)15](10^6) / [3.800 − 3.000 − (0,4)3.800 + (0,4)3.000]
= 32.747.624,62 / 480 = 82.807,55 (essa resposta é inaceitável)
= 82.808 (essa é a resposta correta)

Conferência dos resultados obtidos:

a) Ponto de equilíbrio operacional
Vendas: 40.000 veículos
(+) Faturamento: 40.000 x 3.800 = 152.000.000
(−) Custos variáveis: 40.000 x 3.000 = 120.000.000
(−) Custos fixos   = 32.000.000
(=) Resultado operacional   = 0,00

b) Ponto de equilíbrio contábil
Vendas: 58.750 veículos
(+) Faturamento: 58.750 x 3.800 = 223.250.000
(−) Custos variáveis: 58.750 x 3.000 = 176.250.000
(−) Custos fixos   = 32.000.000
(−) Pagamento de impostos IR.(P.Q − CV.Q − CF − D)
$(0,4) (223,25 − 176,25 − 32 − 15) 10^6 = 0,00$
(−) Despesas de depreciação   = 15.000.000
(=) Resultado contábil   = 0,00

c) Ponto de equilíbrio econômico
Vendas: 82.808 veículos
(+) Faturamento: 82.808 x 3.800 = 314.670.400
(−) Custos variáveis: 82.808 x 3.000 = 248.424.000
(−) Custos fixos   = 32.000.000
(−) Pagamento de impostos
IR.(P.Q − CV.Q − CF− D)
(0,4) (314.670.400 − 248.424.000 − 32.000.000 − 15.000.000)
(0,4) (19.246.400)   = 7.698.560
(−) Custo periódico do capital   = 26.547.624,62
(=) Resultado econômico   = 215,38

O resultado econômico deveria ser zero. Essa diferença é devida à aproximação feita. Em vez de 82.807,55 veículos, utilizamos 82.808 veículos, pois não haveria consumidor interessado em comprar 0,55 de um veículo. Como fabricou-se a mais 0,45 veículo, obtivemos um resultado de R$215,38 positivo, que é o lucro líquido dessa fração de veículo após pagamento dos impostos proporcionais.

5

Avaliação de empresas e projetos

Neste capítulo você verá os principais conceitos utilizados para avaliação de ativos em geral. Nele se procura responder a diversas perguntas: como estimar o preço justo de uma ação? Qual o valor estimado de um projeto para a empresa? Como calcular o valor de uma empresa? Existe mais de uma maneira de se calcular o valor de uma empresa?

Importância da avaliação

É natural que os agentes econômicos queiram saber o valor dos ativos nos quais estão interessados. O motivo é simples: a compra de um ativo por um valor superior ao aceito pelo mercado fatalmente implicará prejuízo, ao passo que a situação contrária pode resultar em grande lucro. O juiz final do valor de um ativo é sempre o mercado, quando aceita transacionar determinado ativo por certo valor. Tudo seria mais fácil se fosse possível afirmar que o valor de um ativo é algo estável. Infelizmente, isso não acontece. Ao longo do tempo, o valor de um ativo se modifica, dependendo das condições econômicas vigentes. Assim, neste capítulo, as referências à determinação de valor estarão implicitamente vinculadas ao fato de o valor estar sendo determinado num dado momento. Portanto, será necessário reavaliar um ativo sempre que mudarem as condições econômicas ou mesmo as expectativas dos agentes econômicos a respeito dessas condições no futuro.

Para estabelecer o valor de um ativo será aqui utilizado um modelo. Cabe lembrar que um modelo nada mais é que uma simplificação da realidade. No caso dos modelos de avaliação, existem basicamente três categorias: os modelos de avaliação relativa, os modelos de direitos contingentes e os chamados modelos de fluxos de caixa descontados. Por trás de cada categoria existe uma filosofia de avaliação estabelecendo o que é relevante na determinação do valor. Aqui será focalizada a categoria dos modelos de fluxos de caixa descontados. O motivo dessa escolha é o fato de serem estes os modelos mais aceitos e utilizados pela comunidade empresarial e acadêmica, que tem preocupação com uma sólida conceituação teórica.

Os modelos de avaliação relativa, como você verá a seguir, carecem dessa base teórica sólida. Já os modelos de direitos contingentes costumam ser muito complexos do ponto de vista matemático e mais adequados a casos específicos nos quais os modelos de fluxos de caixa descontados apresentem limitações na determinação do valor.

Conceitos fundamentais: valor e cotação

Suponha que você compre um apartamento dando uma entrada e obtendo financiamento pela Caixa Econômica Federal. À medida que você paga, sua dívida com a CEF vai diminuindo. Também com o tempo, o valor do apartamento pode mudar, levando em conta as condições de mercado. Agora suponha que num dado momento, no futuro, você põe um anúncio no jornal para vender o seu apartamento e surge um comprador disposto a pagar por ele R$200 mil. Imagine que este seja efetivamente o valor do apartamento. O comprador faz a sua oferta em função unicamente das características do apartamento: localização, área interna, número de aposentos. Se você aceitar a oferta, o negócio poderá ser fechado. Considere ainda que, nesse momento, o seu saldo devedor com a CEF é de R$120 mil. Isso significa que você obterá na venda apenas R$80 mil, depois de saldar a sua dívida com a CEF, supondo que isso seja uma condição exigida pelo comprador. Nesse caso, diz-se que o valor de mercado do apartamento, aqui representado por V, é de R$200 mil. O valor da sua propriedade do apartamento, representado por S, é de R$80 mil. E o valor da dívida, representado por D, é de R$120 mil. Observe que o valor da sua propriedade pode ser calculado pela diferença entre o valor do apartamento e o valor da dívida, isto é:

$$S = V - D$$

Com uma pequena mudança na ordem das variáveis, pode-se escrever:

$$V = D + S$$

Pode-se afirmar que o valor de um ativo será igual ao valor da dívida utilizada para o seu financiamento mais o valor do capital próprio que o financia. É muito importante não confundir o valor de um ativo (V) com o valor do capital próprio do ativo em questão (S). Observe que, se a sua dívida com a CEF fosse de R$200 mil, o valor do capital próprio (sua parte no apartamento) seria nulo. Nem por isso o apartamento valeria mais ou menos. O valor da dívida é também chamado de capital de terceiros, pois deve ser pago a terceiros que ajudaram a financiar o apartamento. O valor da sua parte no apartamento é chamado de capital próprio, pois representa o valor atual de mercado do dinheiro que você utilizou para pagar parte do apartamento, valor que pode ter aumentado ou diminuído em função das circunstâncias econômicas e de mercado. Observe também que, no caso, V é avaliado em termos de mercado, assim como D e S. Não são, portanto, apenas valores registrados na contabilidade, e sim valores de mercado, isto é, valores que são aceitos pelo mercado.

Imagine agora que se esteja falando não de um apartamento, mas de uma empresa. Nesse caso, V é o valor de mercado da empresa; D, o valor do capital de terceiros que foi usado para financiar a empresa; e S, o valor do capital próprio, capital dos acionistas, que foi usado para financiar a empresa. Caso se trate de uma sociedade por ações, S será o valor de mercado dessas ações.

No exemplo do apartamento, supôs-se que o mesmo valia R$200 mil e que o comprador havia oferecido por ele exatamente essa quantia. Aqui é possível fazer uma distinção entre valor e cotação. Quando um ativo é negociado por uma determinada quantia, diz-se que essa quantia é uma cotação desse ativo. Isso significa que, se a negociação fosse feita com outro comprador, talvez a cotação obtida fosse diferente. Que vem a ser valor, então? Chama-se valor a quantia pela qual o ativo é negociado em condições de equilíbrio de mercado. Em situações de equilíbrio, todas as cotações convergem para o valor do ativo. Imagine que todos os apartamentos de um prédio sejam iguais. Se 10 apartamentos são vendidos por R$200 mil, e alguém, por algum motivo, vende o décimo primeiro por R$120 mil, os apartamentos do prédio não passam a valer o mesmo só porque houve uma negociação nesse montante. Os apartamentos continuam valendo R$200 mil, que parece ser o valor de equilíbrio do mercado. Valor é, portanto, uma quantia teórica que costuma orientar os negócios e que se calcula considerando a existência de liquidez, de condições normais e de equilíbrio no mercado. Os modelos usados permitem calcular valores, preços considerados justos para os ativos em condições de equilíbrio.

Tipos de valores: contábil, liquidação e operacional

Há quem utilize a contabilidade para estabelecer o valor de um ativo. Nesse caso, considera-se que o balanço patrimonial da empresa expressa a realidade do seu valor. O valor V, valor da empresa, é assim identificado ao valor contábil dos ativos da empresa. O valor da propriedade — capital próprio, S — é igualado ao valor do patrimônio líquido da empresa. O valor do capital de terceiros é, nesse caso, o valor total da dívida que é usada para financiar a empresa (empréstimos, debêntures). A grande desvantagem dessa análise é que ela parte do princípio de que a contabilidade expressa valores corretamente. Sabe-se que a contabilidade, devido às regras às quais está submetida, distorce os valores, se comparados com aqueles obtidos do ponto de vista do mercado. Porém, é importante saber que, ainda hoje, muitos agentes econômicos continuam utilizando os balanços para determinar os valores das empresas.

Observe que a contabilidade olha apenas para o passado, para o que já aconteceu, o que já foi registrado. Para a maioria das empresas, o seu principal valor está relacionado com o futuro, com as suas possibilidades de gerar fluxos de caixa em suas futuras operações. Nesse caso, o valor da empresa é estabelecido como o valor presente dos fluxos de caixa operacionais da empresa projetados para o futuro e descontados por uma taxa que leve em conta o custo de capital da empresa. Essa taxa chama-se custo médio ponderado de capital. E esse valor determinado pelo valor presente dos fluxos futuros de caixa operacionais da empresa que foram estimados e descontados pelo custo médio ponderado de capital chama-se *valor operacional da empresa*.

Outro tipo de valor que merece menção é o *valor de liquidação*. Imagine que as operações da empresa subitamente interromperam-se, que ela fechou e todos os seus ativos foram vendidos a preços de mercado. O montante apurado nessa venda a preços de mercado seria chamado de valor de liquidação. Supõe-se, no caso, que se obteve o valor de mercado para cada um dos ativos da empresa. Portanto, considera-se uma condição de equilíbrio na qual a cotação obtida para cada ativo da empresa atingiu o seu valor de mercado.

A grande maioria das empresas é saudável, e pode-se afirmar que o seu valor operacional é substancialmente superior aos seus valores contábil e de liquidação. Que aconteceria no caso de uma empresa ter o seu valor de liquidação superior ao seu valor operacional? Os proprietários poderiam fechá-la e vender os seus ativos a preço de mercado com ganho sobre a hipótese de continuar a operá-la. O cinema representou essa situação em dois filmes muito conhecidos: *Uma linda mulher* e *Wall Street*. Nesses filmes, respectivamente, os atores Richard Gere e Michael Douglas representam o papel de investidores que compram empresas cujo valor de liquidação é superior ao seu valor operacional, depois fecham-nas e obtêm o ganho da diferença dos valores. Ambos os filmes retratam situações que ocorrem na realidade do mercado americano.

Modelos de avaliação relativa

A idéia central que está por trás dessa categoria de modelos é a comparação do valor do ativo no qual você possa estar interessado com o valor de algum outro ativo do qual você tenha conhecimento.

Suponha, por exemplo, que um comerciante deseje vender sua padaria. Então, ele ouve falar que uma padaria vizinha foi vendida recentemente por R$350 mil. Como ele conhece essa padaria e acha que a sua é melhor, estima poder vendê-la por R$500 mil. Observe que o conceito de "melhor" terá sido necessariamente subjetivo. Além disso, a diferença de valor, correspondente a R$150 mil, também será subjetiva. É essa subjetividade que rouba qualquer base conceitual à categoria dos modelos de avaliação relativa.

É exatamente aí que residem as duas principais deficiências desses modelos. A primeira está na questão de estabelecer o valor do ativo que se toma por referência. Estará a comparação sendo feita com o valor do ativo de referência ou meramente com sua cotação? Lembre-se da diferença apontada anteriormente. Terá sido esse valor adequadamente estabelecido? A segunda está no fato de que, em muitos casos, os ativos são apenas semelhantes, e não iguais. E o ajuste no valor que é estabelecido para dar conta das diferenças existentes costuma conter boa dose de subjetividade.

Modelos de direitos contingentes

Tais modelos consideram casos particulares de ativos que apresentam uma brusca mudança no fluxo de caixa livre em função de uma determinada circunstância — contingência. Imagine uma empresa que possua uma antiga mina de ouro que está desativada por causa do alto custo de extração, o qual inviabiliza a venda do ouro no mercado, considerando os preços correntes do metal. Imagine agora outra empresa em tudo semelhante, exceto pelo fato de não possuir tal mina. Assim, ambas as empresas não geram quaisquer fluxos de caixa que advenham da extração do ouro. Se você for avaliar essas duas empresas utilizando um modelo que considere apenas os fluxos de caixa gerados, deverá obter o mesmo valor, pois supôs que elas são idênticas. Mas, como uma das empresas não possui mina de ouro, elas não são iguais e, portanto, não devem ter valores iguais.

Observe que, na hipótese de haver um aumento do preço do ouro que viabilize a extração do metal, com a conseqüente geração de fluxos de caixa daí provenientes, a empresa proprietária da mina passará a gerar fluxos de caixa adicionais, tendo seu valor distanciado do da outra empresa considerada. O que os modelos de direitos contingentes fazem é exatamente isso: levam em conta o valor de ativos mantidos pelas empresas que possam ter seus fluxos de caixa bruscamente modificados por alguma contingência. Para tanto, faz-se uma analogia com o conceito de opções existentes nos mercados financeiros, a qual envolve modelos matemáticos complexos que somente se justificam em casos específicos.

Modelos de fluxo de caixa descontado

Essa categoria de modelos entende que o valor de um ativo está relacionado com a sua capacidade de geração de caixa no futuro. Assim, o avaliador projeta a geração futura de caixa para o ativo e calcula o seu valor presente na data zero. Para tanto, considera uma taxa de desconto que leve em conta a taxa livre de risco adicionada de uma taxa que represente o nível de risco do ativo em relação a outros ativos da economia. Suponha que você tenha de avaliar uma fazenda para a qual estima uma geração de caixa líquida anual constante de R$100 mil por ano, indefinidamente, e que a taxa adequada para descontar o fluxo de caixa líquido seja de 25% ao ano. A fórmula da matemática financeira para a perpetuidade de um valor constante no tempo dirá que o valor presente desse fluxo de caixa será: R$100.000 / 0,25 = R$400.000. Assim, considerados os fluxos de caixa líquidos gerados pela fazenda anualmente, pode-se dizer que ela vale R$400 mil.

Note que, se a sua estimativa dos fluxos de caixa no futuro ou a estimativa da taxa a ser usada para o cálculo do valor da fazenda se modificar, tal valor será automaticamente alterado pelo modelo. Você verá mais adiante como calcular esses fluxos de caixa a serem considerados. Ao conjunto desses fluxos de caixa dá-se o nome de fluxo de caixa livre ou, em inglês, *free cash flow*.

Vejamos agora como avaliar ativos que geram fluxos de caixa futuros. O importante aqui é compreender que a única coisa que atribui valor a esses ativos, por esse método, é a capacidade de gerar fluxos de caixa no futuro. Por outro lado, sabe-se que o futuro é sempre uma incógnita. O valor do ativo dependerá, portanto, da expectativa com relação ao seu futuro.

Modelos de desconto de dividendos

Se você comprar uma ação, o que poderá esperar ganhar com ela? Há dois tipos de ganhos possíveis. O primeiro se refere aos dividendos que essa ação pagará no futuro. Lembre-se que dividendos são valores em dinheiro pagos pelas companhias que emitem ações; logo, nada mais são do que a distribuição entre os acionistas de parte do lucro obtido num determinado período. Isso está em perfeita consonância com o objetivo de qualquer empresa, que é maximizar a riqueza dos seus proprietários. No caso de uma sociedade por ações, os proprietários são acionistas. Não esqueça que a ação é um ativo infinito em princípio, isto é, supondo que a empresa jamais acabe, ela continuará gerando dividendos permanentemente.

Outro ganho que o acionista pode ter está vinculado ao valor de venda de uma determinada ação num determinado instante. Suponha que você esteja avaliando uma ação da Petrobras, num dado momento. Como o valor da ação depende de quem a avalia, e não de quem a possui, mesmo que ela troque de dono, seu valor será o mesmo. Ora, se ela permanecer com o mesmo agente financeiro, e este não tiver a intenção de vendê-la, todo o valor deverá estar contido nos dividendos futuros que serão recebidos. Se ela vier a mudar de mãos, o novo dono estará disposto a pagar por ela em função do fluxo de dividendos que poderá receber dali em diante. Assim, o único fato que atribui valor a uma ação é o fluxo infinito de dividendos que dela se pode esperar. O cálculo de um preço justo para a ação no futuro dependerá tão-somente dos dividendos a serem pagos dali em diante. Em outras palavras, a cada momento o valor de uma ação é dado pelo valor presente dos dividendos que ela virá a render no futuro.

$$P_{justo} = \frac{D_1}{(1 + k_s)^1} + \frac{D_2}{(1 + k_s)^2} + \ldots + \frac{D_n}{(1 + k_s)^n} + \ldots \infty$$

P_{justo} aqui representa o preço da ação que o investidor acredita ser justo, consideradas as suas estimativas; D_i indica os dividendos esperados para os diversos períodos; e k_s é a taxa de retorno exigida pelos investidores para manter a ação em suas carteiras, que é igual ao custo de capital próprio da empresa à qual a ação pertence.

Observe que cada investidor projetará um valor diferente para cada dividendo, bem como poderá exigir uma taxa de retorno distinta. Se você considerar um investidor típico do mercado, sabe que ele estará exigindo uma taxa que pode ser estimada pelo modelo CAPM, já visto. Observe, também, que depois de certo ponto a potência n torna-se tão grande que os dividendos futuros contribuem pouco para o valor da ação, ou seja, os primeiros dividendos têm um peso maior na composição do valor. Isso é conveniente, pois à medida que nos afastamos no tempo a previsão dos dividendos futuros vai-se tornando mais difícil. Pode-se afirmar, então, que o valor presente do dividendo n é:

$$D_n \times \frac{1}{(1 + k_s)^n}$$

Assim, o fator que multiplica o dividendo reduz o seu valor presente a um percentual do valor do dividendo. Se os dividendos forem anuais e o investidor exigir um retorno de 20% ao ano, o primeiro dividendo terá 83,3% do seu valor considerado no valor da ação. Veja:

$$\frac{1}{(1 + 0,2)^1} = 0,833$$

Seguindo o mesmo raciocínio, o dividendo do ano 10 terá apenas 16,2% do seu valor considerado no valor da ação; o do ano 20, apenas 2,6%, e assim sucessivamente. No caso do ano 50, apenas 0,012% do valor do dividendo será considerado no valor da ação. Isso mostra uma propriedade interessante dos modelos baseados no fluxo de caixa descontado: os períodos mais próximos da data atual têm um peso substancialmente maior na composição do valor do que os períodos mais afastados.

Modelo de Gordon

Esse modelo foi proposto inicialmente por J. B. Williams, mas deve o seu nome a M. J. Gordon, que foi o responsável por sua divulgação. A equação vista anteriormente mostra a necessidade de se projetar todos os dividendos futuros, ou pelo menos grande parte deles, até que seu peso na composição do valor se torne insignificante. De qualquer forma, isso não é nada prático. Segundo Williams, poder-se-ia considerar que uma empresa em crescimento pagaria dividendos crescentes ao longo do tempo. Assim, ele formulou a hipótese de que esses dividendos cresceriam a uma taxa constante g. Portanto, o analista só precisa determinar, pelo modelo, o primeiro dividendo que é esperado e a taxa constante de crescimento do dividendo. Eis a seqüência de dividendos:

$$D_2 = D_1 (1 + g)$$
$$D_3 = D_1 (1 + g)^2$$
$$\dots$$
$$D_n = D_1 (1 + g)^{n-1} \dots \text{série infinita}$$

A matemática permite estabelecer o valor presente de uma série nessas condições — perpetuidade com crescimento constante, contanto que $g < k_s$.

$$P_{justo} = \frac{D_1}{k_s - g}$$

O modelo de Gordon é simples, e seu maior mérito é permitir compreender facilmente o impacto das diversas variáveis na formação do preço de uma ação. Vê-se, claramente, que um aumento na distribuição dos dividendos provocará um aumento no valor da ação. Supondo que a taxa g esteja estabelecida, um aumento na exigência de retorno por parte do acionista provocará uma queda no preço da ação. Isso costuma acontecer sempre que o investidor percebe um risco crescente no mercado. Ele passa a exigir um retorno maior e, conseqüentemente, as ações perdem valor, como de fato se observa em momentos de turbulência, quando as bolsas de valores costumam apresentar queda nos seus índices.

O modelo também permite perceber que, quando a empresa aumenta a distribuição de dividendos, por um lado, o numerador do modelo aumenta e o preço justo da ação tende também a aumentar; por outro, ela contará com menos recursos para investir e, conseqüentemente, tenderá a crescer menos, gerando menos lucros e diminuindo a taxa g, o que aumenta a diferença $k_s - g$ e tende a provocar uma queda no preço da ação.

O contrário também é verdadeiro. Quando uma empresa distribui pouco dividendo, o modelo mostra que o numerador tende a diminuir, "puxando" o valor para baixo. Por outro lado, sobrarão mais recursos para serem investidos e g tenderá a crescer, diminuindo assim a diferença $k_s - g$ e "puxando" o valor da ação para cima. Isso mostra bem a importância da política de dividendos da empresa — quanto distribuir de lucros *versus* quanto reter de lucros para posteriores investimentos. A melhor política é a que equilibra distribuição de dividendos com retenção de lucros, pois permite maximizar o valor de uma ação, produzindo mais riqueza para o acionista.

A utilização do modelo de Gordon é adequada tão-somente para empresas que estejam crescendo a uma taxa estável. Isso limita em muito a aplicação do modelo.

Exemplo do modelo de Gordon

Uma empresa que já atingiu certa estabilidade no seu crescimento prevê para o próximo ano o pagamento de um dividendo de R$0,40 por ação. Considerando que o mercado estima a taxa de crescimento dos dividendos em 3% ao ano, qual o valor estimado para o preço justo da ação se os investidores entendem que o risco da ação exige uma rentabilidade de 25% ao ano?

$$P_{justo} = \frac{D_1}{k_s - g} = \frac{0,40}{0,25 - 0,03} = R\$1,82$$

Uma vez estimado o preço justo da ação, o investidor deverá proceder da seguinte forma: se o preço de mercado estiver inferior ao valor projetado, ele comprará a ação, contando que no futuro ela venha a tender para o preço justo inicialmente avaliado. Se o investidor tiver a ação em carteira e o preço de mercado for superior ao calculado, o investidor venderá a ação.

Limitação na taxa de crescimento do modelo de Gordon

Visto que o modelo de Gordon pressupõe uma taxa de crescimento dos dividendos que se mantém constante até o infinito, isso nos leva a concluir que a taxa de crescimento dos lucros da empresa deverá ser, no mínimo, igual à taxa de crescimento dos dividendos. Caso contrário, não seria possível manter a taxa de crescimento dos dividendos no mesmo nível até o infinito. Para os lucros se manterem em crescimento infinitamente, é preciso que a taxa de crescimento dos dividendos seja menor que a taxa média de crescimento da economia como um todo; se não, chegaremos a um absurdo. Suponha que a taxa de crescimento seja de 5% ao ano, indefinidamente.

Isso significa que os lucros da empresa teriam de crescer indefinidamente a uma taxa de, pelo menos, 5% ao ano. Se a empresa estiver inserida numa economia que cresce menos que isso, como estamos lidando com perpetuidades, chegaremos ao absurdo de "para sempre" os lucros da empresa crescerem mais que a economia, o que a certa altura a levaria a ocupar a totalidade dessa economia. Portanto, é preciso limitar a taxa de crescimento dos dividendos à taxa média de crescimento da economia na qual a empresa está inserida.

Avaliação de projetos

No caso da avaliação de um projeto, deve-se determinar o valor presente do fluxo de caixa livre estimado para o projeto. Que é o fluxo de caixa livre de um projeto? É simplesmente o fluxo de caixa de suas entradas, do qual se subtrai o fluxo de caixa de suas saídas, sejam aquelas decorrentes dos investimentos necessários (máquinas, equipamentos e capital circulante líquido), sejam aquelas decorrentes do imposto de renda que o projeto deverá pagar. Para melhor compreender esse processo, vejamos a análise de um caso específico.

Descrição do caso Plastik

Uma empresa fabricante de plásticos chamada Plastik vem considerando a hipótese de entrar no ramo de *mouses* para computadores. Ela acredita poder fabricar *mouses* coloridos, praticamente inexistentes no mercado, e explorar esse segmento durante algum tempo, enquanto os concorrentes não entrem na disputa. Decidiu, então, encomendar uma pesquisa, que confirmou a existência de um mercado ainda não explorado. Tal pesquisa custou-lhe R$150 mil. A empresa pretende utilizar como fábrica um galpão, ora ocioso, onde serão instalados os novos equipamentos, o que implica um investimento total de R$105 mil. A pesquisa revelou que a exploração desse segmento de mercado só seria interessante durante cinco anos, após o que a concorrência provavelmente se tornaria muito acirrada. A diretoria da empresa decidiu, então, estudar a viabilidade do projeto pelo prazo de cinco anos, deixando para depois a questão de continuar ou não a explorar esse segmento após esse período.

Eis alguns dados coletados para a análise:

- o valor de revenda dos equipamentos ao final de cinco anos é estimado em R$80 mil;
- a produção estimada para os cinco anos é de 5 mil, 7 mil, 11 mil, 13 mil e 8 mil unidades, respectivamente; toda a produção estará sendo vendida à vista;
- o preço estimado dos *mouses* no primeiro ano é de R$30 por unidade;
- como o mercado é muito competitivo, calcula-se que o preço será reajustado com a inflação, que está estimada em 4% a.a;
- espera-se que os custos de produção unitários aumentem aproximadamente 10% a.a.;
- os custos de produção unitários para o primeiro ano estão estimados em R$10;
- os administradores estimam que o volume de capital circulante líquido necessário deverá ser da ordem de 12% do volume de vendas;
- a depreciação dos equipamentos é feita em 10 anos pelo método da linha reta;
- o preço de mercado do galpão é de R$120 mil e deve permanecer inalterado nos próximos cinco anos;
- a empresa está sujeita a uma alíquota de imposto de renda da ordem de 40%, considerando que o imposto seja pago no mesmo ano em que é devido.

Solução do caso Plastik

Você deve seguir este roteiro:
a) determine os fluxos de caixa de receitas e custos operacionais;
b) determine os valores dos investimentos necessários a serem avaliados. Considere que os investimentos são todos feitos na data zero. Todos os valores ao longo do ano incidem ao final do ano: recebimentos, novos investimentos e custos;
c) determine o fluxo de caixa do imposto de renda;
d) consolide, finalmente, o fluxo de caixa livre do projeto;
e) desconte o fluxo de caixa do projeto ao custo de capital estimado de 20% ao ano;
f) elabore as conclusões.

A QUESTÃO DA PESQUISA

A primeira dúvida que você deve ter no caso Plastik é se o custo da pesquisa deve ou não ser levado em conta na análise do projeto. A resposta é não, tomando por base um importante pressuposto para a análise de projetos: *qualquer dinheiro que já tenha sido gasto é irrelevante para a análise do valor do projeto*. Isso decorre de outro conceito financeiro, segundo o qual só se deve levar em conta no projeto aquilo que se modifica para a empresa executora devido à existência do projeto. Tanto faz que o projeto seja ou não realizado, pois o dinheiro da pesquisa terá sido gasto mesmo assim. Portanto, o gasto com a pesquisa não pode ser atribuído à decisão de executar o projeto, uma vez que essa decisão em nada alterará o gasto.

O FLUXO DE CAIXA DAS RECEITAS E DOS CUSTOS DO PROJETO

Observe a planilha a seguir. Nela as receitas de vendas são calculadas multiplicando-se a quantidade pelo preço. O preço é reajustado pela taxa de inflação, enquanto os custos do projeto aumentam bem mais do que a inflação, à taxa de 10% ao ano. A impossibilidade de fazer os preços acompanharem os custos é um dos aspectos que a diretoria está considerando na análise para um período de apenas cinco anos. A planilha mostra também a necessidade de capital circulante líquido, ano a ano, e o custo do projeto.

Ano	Quantidade	R$				
		Preço	Vendas	CCL	Custo	Custo total
1	5.000	30,00	150.000	18.000	10,00	50.000
2	7.000	31,20	218.400	26.208	11,00	77.000
3	11.000	32,45	356.928	42.831	12,10	133.100
4	13.000	33,75	438.697	52.644	13,31	173.030
5	8.000	35,10	280.766	33.692	14,64	117.128

Descrição	Data	Ano				
	0	1	2	3	4	5
Receitas (R$)		150.000	218.400	356.928	438.697	280.766

O FLUXO DE CAIXA DOS CUSTOS DO PROJETO

Descrição	Data	Ano				
	0	1	2	3	4	5
Custos (R$)		50.000	77.000	133.100	173.030	117.128

OS FLUXOS DE CAIXA DOS INVESTIMENTOS EM ATIVOS

Outro ponto importante é que o galpão deve ser considerado investimento, embora já pertença à empresa. Por que motivo? Como o galpão está ocioso, pode ser vendido e transformado em recursos para a empresa. Assim, ao utilizar o galpão, a empresa estará utilizando um recurso que está à sua disposição. Investir nada mais é do que aprisionar determinado recurso num determinado projeto. A empresa estará investindo esse valor no projeto, pois o galpão não mais poderá ser vendido, ficando aprisionado no projeto. O pressuposto que deve ser sempre seguido é: nenhum projeto pode utilizar gratuitamente um recurso que esteja ocioso, se esse recurso tiver valor de mercado. Assim, é como se a empresa investisse no projeto o correspondente ao valor de mercado desse recurso (R$120 mil) e o vendesse ao final do projeto.

No caso do fluxo de caixa dos equipamentos, o que deve surpreender você no quinto ano é o valor de R$69 mil, em vez de R$80 mil. Esses R$69 mil correspondem ao valor da venda do equipamento menos o imposto de renda pago pelo fato de haver um ganho de capital na venda. Esse ganho de capital será a diferença entre o preço de venda, R$80 mil, e o chamado valor contábil. O valor contábil, por sua vez, será igual ao valor de aquisição de R$105 mil menos a depreciação acumulada de R$52,5 mil. Assim, o valor contábil será de R$52,5 mil, e o ganho de capital (R$80.000 – R$52.500), R$27,5 mil. O imposto de renda a ser pago é de 40% sobre o ganho de capital, atingindo o valor de R$11 mil. Portanto, o valor líquido recebido pelos equipamentos será de (R$80.000 – R$11.000) R$69 mil. Veja agora a tabela da depreciação acumulada dos equipamentos:

Ano	Valor dos equipamentos = R$105.000	
	Depreciação anual	Depreciação acumulada
1	10.500	10.500
2	10.500	21.000
3	10.500	31.500
4	10.500	42.000
5	10.500	52.500

Descrição	Data	Ano				
	0	1	2	3	4	5
Galpão (R$)	(120.000)	0	0	0	0	120.000
Equipamentos (R$)	(105.000)	0	0	0	0	69.000

FLUXO DE CAIXA DOS INVESTIMENTOS EM CAPITAL CIRCULANTE LÍQUIDO (CCL)

Capital circulante líquido é o capital que a empresa precisa manter à disposição do projeto para atender-lhe as necessidades de recursos, como a manutenção de um valor mínimo de caixa e eventuais estoques, uma vez que se está considerando, nesse caso, que todas as vendas são feitas à vista. Lembre-se que na primeira planilha apresentada já tinham sido calculados os valores do capital circulante líquido que são necessários para o projeto ano a ano. O investimento em capital circulante líquido a cada ano será a diferença da necessidade de CCL de um ano para outro. Isso porque, no modelo aqui proposto, consideramos que o CCL não se perde, mesmo sabendo que na vida real existe alguma perda — por exemplo, perdas com estoque.

Outro problema decorre da modelagem dos fluxos de caixa. Costuma-se considerar na data 5, por exemplo, todos os valores acumulados ao longo do quinto ano. Isso é possível para todos os anos, menos no caso particular da data 5. A data 5 representa os valores do último ano e também o fim do próprio projeto. Ora, ao final de um projeto, no seu último momento, a necessidade efetiva de CCL será sempre zero. Portanto, no modelo a seguir, zerou-se a necessidade de CCL na data 5. Por conservadorismo, costuma-se também antecipar para a data zero, e somente para ela, a necessidade de CCL do projeto. Com isso aumenta-se o custo financeiro do projeto. As necessidades de CCL e o conseqüente fluxo de caixa do investimento em CCL ficarão como no modelo a seguir, onde investem-se valores todos os anos, exceto no ano 1, porque se antecipou o investimento para a data zero, e no ano 5, quando ao final do projeto a empresa faz todo o desinvestimento do CCL alocado.

Descrição	Data	Ano				
	0	1	2	3	4	5
CCL necessário (R$)	18.000	18.000	26.208	42.831	52.644	0
Investimento em CCL (R$)	(18.000)	0	(8.208)	(16.623)	(9.812)	52.644

FLUXO DE CAIXA DO IMPOSTO DE RENDA

Para determinar o fluxo de caixa do imposto de renda é preciso fazer uma demonstração do resultado do exercício. Nesse caso, você deve considerar que a depreciação é uma despesa, embora não represente uma saída de caixa. Na demonstração do resultado do exercício, a seguir, você pode observar que o lucro líquido foi calculado. Na verdade, para a finalidade desejada, não haveria necessidade de calcular esse lucro. Bastaria levar a planilha até o ponto em que o imposto de renda a ser pago — aqui considerado pago no mesmo ano — é calculado. Na planilha, Lajir é a sigla de lucro antes dos juros e do imposto de renda. A coluna da data zero visa apenas facilitar a orientação na consolidação final dos fluxos de caixa, mas deve ficar claro que a planilha é contábil.

Descrição	Data	Ano				
	0	1	2	3	4	5
Receitas (R$)	0	150.000	218.400	356.928	438.697	280.766
Custos (R$)	0	(50.000)	(77.000)	(133.100)	(173.030)	(117.128)
Depreciação (R$)	0	(10.500)	(10.500)	(10.500)	(10.500)	(10.500)
Lajir (R$)	0	89.500	130.900	213.328	255.167	153.138
IR (40%) (R$)	0	(35.800)	(52.360)	(85.331)	(102.067)	(61.255)
Lucro líquido (R$)	0	53.700	78.540	127.997	153.100	91.883

CONSOLIDAÇÃO DO FLUXO DE CAIXA LIVRE DO PROJETO

Fluxo de caixa livre de um projeto é aquele que está pronto para ser oferecido aos fornecedores de capital da empresa —

isto é, ao capital de terceiros para o pagamento das dívidas dos que adquirem títulos de dívida da empresa, como empréstimos e debêntures, por exemplo — e aos fornecedores de capital próprio da empresa, que são seus acionistas. A planilha a seguir apresenta essa consolidação.

Descrição	Data	Ano				
	0	1	2	3	4	5
Receitas		150.000	218.400	356.928	438.697	280.766
Custos		(50.000)	(77.000)	(133.100)	(173.030)	(117.128)
Galpão	(120.000)	0	0	0	0	120.000
Equipamentos	(105.000)	0	0	0	0	69.000
Invest. CCL	(18.000)	0	(8.208)	(16.623)	(9.812)	52.644
IR (40%)		(35.800)	(52.360)	(85.331)	(102.067)	(61.255)
FC livre	(243.000)	64.200	80.832	121.873	153.788	344.026
Valor presente	(243.000)	53.500	56.133	70.529	74.165	138.257
VPL (20%)	149.583					

Conclusões

O valor presente líquido (VPL) de um projeto é definido como o valor do projeto menos o seu investimento inicial. Portanto, pode-se concluir que o valor desse projeto é R$392.583, e seu investimento inicial, R$243 mil. Assim, o VPL do projeto será: R$392.583 − R$243.000 = R$149.583. A interpretação do VPL do projeto mostra que ele remunera a empresa ao custo de oportunidade de capital de 20% ao ano e cria-lhe uma riqueza adicional de R$149.583, devendo portanto ser executado.

A avaliação de qualquer projeto deve seguir as etapas aqui mencionadas. As únicas diferenças serão de volume de dados, tornando as planilhas maiores. Do ponto de vista conceitual, o exemplo aborda todas as questões relevantes a serem consideradas na análise do projeto. É curioso observar que a decisão precipitada de fazer a pesquisa levou a empresa a despender R$150 mil numa data no passado. E o projeto não será capaz de gerar os mesmos R$150 mil. No entanto, a decisão correta de executá-lo permitirá à empresa obter uma riqueza que amortizará o custo da pesquisa, embora não integralmente. Se o custo da pesquisa fosse incluído no investimento inicial, o que se viu ser conceitualmente errado, haveria um investimento inicial de R$243.000 + R$150.000 = R$393.000, o que tornaria o VPL negativo e levaria a empresa a não executar o projeto e assim não ter como amortizar o custo da pesquisa.

Avaliação de empresas

Deve-se considerar uma empresa como um projeto que não termina. Assim, deve-se determinar o fluxo de caixa livre da empresa e calcular o seu valor presente utilizando o custo médio ponderado de capital da empresa. O maior problema é que os fluxos de caixa futuros de uma empresa são muito mais difíceis de se projetar do que aqueles de um projeto. Portanto, você deverá seguir alguns princípios e premissas e atentar para alguns aspectos particulares. Existem grandes diferenças entre empresas e projetos.

Premissa da coerência com o passado recente

É sabido que as empresas podem sofrer mudanças bruscas de rumo. Mas isso é exceção, e não regra. Na maioria das vezes, o passado recente condiciona fortemente o futuro da empresa. Assim, é preciso haver coerência entre as projeções que estão sendo feitas e os valores realizados no passado recente da empresa.

Premissa da não-ruptura econômica

Ruptura econômica é quando algum acontecimento importante do ponto de vista econômico põe fim ao relacionamento coerente entre passado e presente. Deve-se imaginar que não haverá ruptura econômica no período projetado para que se possa utilizar o passado como base para projeção do futuro. Da mesma forma, não se pode buscar no passado informações anteriores a uma situação de ruptura econômica, pois elas perdem qualquer significado em termos de presente e futuro. No Brasil, por exemplo, não há nenhum sentido em buscar dados no passado além da data do Plano Real. Isso porque a economia anterior a esse plano não guarda qualquer relação com a economia atual.

Princípio da credibilidade

Uma projeção só tem sentido quando ganha credibilidade no mercado. Não importa se a projeção é verdadeira ou não, mas se é crível. Portanto, é muito importante que haja uma lógica baseada no senso comum para que se possa fazer uma projeção. Certas projeções, embora corretas, foram ignoradas pelo mercado e por todos a quem elas se destinavam porque não obtiveram credibilidade com base no senso comum.

Valor residual

O fato de a empresa não terminar, como acontece com os projetos, traz à baila uma questão: a taxa de crescimento a ser considerada quando o avaliador especula sobre o futuro distante da empresa. O mercado de avaliação entende, de modo geral, que a longo prazo não tem sentido considerar o crescimento da empresa além daquele vegetativo, isto é, de reposição dos ativos que se vão tornando obsoletos. Isso porque, em regra, a longo prazo as empresas obtêm uma condição de equilíbrio imposta pela concorrência e pelas limitações de tamanho do mercado.

Assim, a partir de uma determinada data no futuro, considera-se que a empresa terá crescimento líquido zero. A partir dessa data, considera-se que ela obterá margens constantes, giros constantes e retornos constantes sobre o capital investido. A empresa investirá tão-somente para repor a depreciação e manter-se em perfeito funcionamento. A partir dessa data, ela obterá um retorno igual ao custo médio ponderado de capital em qualquer projeto que venha a executar. Em outras palavras, em termos reais, o fluxo de caixa livre será constante. Se fosse em termos nominais, com o crescimento da economia a empresa tenderia a desaparecer. O valor presente do fluxo de caixa livre da empresa após essa data é denominado valor residual. Seu valor será igual ao valor do fluxo dividido pelo custo médio ponderado de capital da empresa, se forem empregadas as fórmulas de cálculo de valor presente emprestadas à matemática financeira.

Horizonte de projeção

É o nome que se dá ao período utilizado para se fazerem as projeções que levarão ao fluxo de caixa livre da empresa até ela atingir um fluxo de caixa livre constante.

A questão da dívida

A maioria das empresas mantém dívidas com os fornecedores de capital de terceiros. Essa dívida deverá ser abatida do valor que for encontrado a partir do fluxo de caixa livre, se o objetivo for determinar o valor da propriedade da empresa, o que pode ser chamado de valor do capital próprio. E o valor dessa dívida deve ser avaliado em termos de mercado, e não apenas em termos contábeis, embora muitas vezes, para simplificar, se considere que o valor contábil é igual ao valor de mercado.

Valor das ações (S)

O valor das ações, isto é, do capital próprio será, portanto, o valor presente do fluxo de caixa livre no horizonte de projeção (V_{hp}) mais o valor residual da empresa (V_r), menos o valor do capital de terceiros da empresa avaliado a preços de mercado (D).

$$V = D + S \qquad V = V_{hp} + V_r \qquad S = V_{hp} + V_r - D$$

Valor da empresa (V)

$$V = D + S = V_{hp} + V_r$$

Exemplo

Seja uma empresa cuja dívida está avaliada, a preços de mercado, em R$1,7 milhão. O horizonte de projeção foi estabelecido em 10 anos, com o conseqüente valor residual de R$3,2 milhões. O valor da empresa considerado no horizonte de projeção está estimado em R$9,7 milhões. Qual o valor da empresa e qual o valor de suas ações?

Solução:

$V = V_{hp} + V_r = 9{,}7 + 3{,}2 = 12{,}9$
$V = D + S$
$S = V - D$
$S = V_{hp} + V_r - D = 12{,}9 - 1{,}7 = 11{,}2$

Tipos de fluxo de caixa

Em avaliação de projetos e de empresas, costuma-se utilizar fluxos de caixa reais em vez dos nominais. Mas o que vem a ser isso? Os valores que aparecem nos fluxos de caixa podem representar duas coisas diferentes:

- valores que serão efetivamente pagos ou recebidos;
- ou o poder de compra do valor que será pago ou recebido, considerado na data zero.

Fluxo de caixa nominal

É chamado assim quando o números representam valores na moeda adotada, cujo poder de compra está referenciado à data em que o fluxo de caixa ocorre. Esses valores podem ser usados em transações correntes. Os fluxos de caixa nominais também são chamados de fluxos de caixa expressos em base corrente ou *em moeda corrente*.

Fluxo de caixa real

Neste caso, o número que aparece no fluxo de caixa não representa um valor que possa ser depositado, mas tão-somente um *poder de compra*. E esse poder de compra é referenciado à data de hoje, data zero. Os fluxos de caixa reais também são chamados de fluxos de caixa expressos em base constante, *ou em moeda constante*.

EXEMPLO 20

Considere um contrato que seja reajustado pela inflação, o que garante seu poder de compra. Imagine um contrato em que o valor na data de hoje seja de R$100 mil. Vamos supor que a inflação média no período seja de 5%. Neste caso poderíamos escrever:

Fluxo	0	1	2	3
Nominal	100.000,00	105.000,00	110.250,00	115.762,50
Real	100.000,00	100.000,00	100.000,00	100.000,00

EXEMPLO 21

Considere agora um contrato de mesmo valor na data zero, mas que não é reajustado pela inflação. Ora, quando o contrato não é reajustado pela inflação seu poder de compra — medido pelo fluxo de caixa real — terá que decrescer com o tempo.

Fluxo	0	1	2	3
Nominal	100.000,00	100.000,00	100.000,00	100.000,00
Real	100.000,00	92.238,10	90.702,95	86.383,76

O poder de compra de um fluxo de caixa, situado numa data qualquer, será dado pelo valor nominal do fluxo de caixa dividido pelo produto dos fatores das inflações ocorridas entre a data zero e a do fluxo. No caso apresentado, o valor de R$86.383,76 é obtido dividindo-se R$100.000,00 por $(1 + 0,05)^3$.

Regras de utilização de fluxos de caixa reais e nominais

Existem algumas regras para a utilização correta dos fluxos de caixa reais e nominais, isto é, regras que indicam o tipo de fluxo de caixa que você vai usar. Mas antes é preciso chamar a atenção para o fato de que, ao olharmos um fluxo de caixa qualquer, não temos como distinguir se ele é real ou nominal, a não ser que isso esteja expressamente mencionado. É um procedimento profissional especificar o tipo do fluxo de caixa, pois, tanto o nominal quanto o real são expressos em R$. Só que, enquanto no nominal o valor em R$ pode ser efetivamente depositado ou sacado de uma conta bancária, no caso do real esse valor significa o poder de compra do fluxo na data zero (data de hoje).

Regra 1

Fluxos de caixa só podem ser adicionados — adição algébrica — se forem do mesmo tipo. Isto é, nominais só podem ser adicionados a nominais e reais a reais. Reais e nominais não podem ser adicionados, exceto na data zero. Por quê? Pelo fato de que o valor nominal na data zero tem o poder de compra expresso pelo mesmo valor. *Reais e nominais são iguais somente na data zero.*

Regra 2

Fluxos de caixa nominais só podem ser descontados por taxas nominais. Fluxos de caixa reais só podem ser descontados por taxas reais. Mas o que são taxas nominais e taxas reais? Taxas nominais são aquelas divulgadas no mercado. Elas ignoram o valor da inflação, isto é, independentemente da inflação, a taxa nominal será sempre a mesma. Já a taxa real é a que mede o aumento — ou diminuição, se for negativa — do poder de compra. A taxa real mede o quanto a taxa de remuneração conseguiu superar a inflação. Dessa forma, se fizermos uma aplicação em um CDB que oferece uma taxa nominal de 2% ao mês e a inflação for de 2% no mês, a taxa real será zero.

Relação entre taxas real, nominal e inflação

A fórmula que relaciona a taxa real com a nominal e com a inflação é, fornecendo o valor da taxa real, é:

$$(1+i) = (1+r)(1+\pi)$$

onde i representa a taxa nominal, r é a taxa real e π a taxa de inflação. Não devemos nos esquecer que nesta fórmula os valores das taxas deverão ser colocados em suas formas unitárias.

A fórmula apresentada pode ser reescrita da seguinte maneira:

$$r = \frac{(1+i)}{(1+\pi)} - 1$$

Essas são as fórmulas corretas que devem ser usadas. No entanto, se quisermos apenas ter valores aproximados, podemos usar as seguintes fórmulas:

$$i \cong r + \pi$$

ou

$$r \cong i - \pi$$

Regra número 3

O valor presente de um fluxo de caixa nominal, quando descontado pela taxa nominal, é exatamente o mesmo que o valor presente do fluxo de caixa real correspondente, quando descontado pela taxa real equivalente. Esta regra nos mostra que tanto faz trabalhar com fluxos de caixa reais ou com nominais se os descontarmos pelas corretas taxas e depois somarmos ou subtraí-los na data zero. Lembre-se de que valores reais e nominais, na data zero, são iguais.

Quando usar fluxos nominais e quando usar fluxos reais?

Existem basicamente três motivos para a utilização de fluxos de caixa reais.

O primeiro é uma questão de conveniência. Por exemplo, se perguntarmos a uma pessoa quanto gostaria de receber na aposentadoria que ocorrerá dentro de 30 anos, é mais fácil ela responder uma quantia com base no poder de compra de hoje. Para responder o valor nominal daqui a 30 anos ela teria de inflacionar o valor durante esses 30 anos, sendo obrigada a estimar a inflação que ocorreria nesse período. Muito mais prático é dizer que deseja, por exemplo, receber o correspondente a R$5 mil por mês referindo-se ao poder de compra de R$5 mil hoje.

O segundo motivo é de qualidade de informação gerencial, pois o fluxo de caixa real expressa o verdadeiro poder de compra e, portanto, dá uma idéia mais correta da situação da empresa para o administrador. Os números nominais dão muitas vezes uma falsa idéia de que a empresa está ganhando mais, quando pode, inclusive, estar perdendo poder de compra.

Por último, isso elimina o hábito que algumas empresas têm de utilizar fluxos de caixa em moedas fortes para eliminar o efeito da inflação. Um mau hábito, pois mesmo a mais forte das moedas sofre também inflação, sem mencionar o problema do câmbio.

Recomendação

Recomenda-se a utilização dos fluxos de caixa reais, ou em moeda constante, visto que a elaboração de fluxos de caixa nominais é bastante difícil em termos de previsão das inflações e moedas futuras, ainda mais no Brasil, que, nos últimos 20 anos, apresentou várias trocas de moeda, cortes de zeros e choques econômicos. Outro motivo forte seria o dessa prática não distorcer a grandeza dos indicadores de viabilidade, como o VPL, que, em fluxos em moeda corrente, poderia dar a falsa impressão de maior viabilidade, pois seu valor seria influenciado pelos maiores valores do fluxo de caixa. Em fluxos em moeda constante, o VPL refletiria um valor justo da riqueza para o projeto, na data-base indicada, ou seja, em termos reais, sem a influência enganosa da inflação.

Nas avaliações de projetos de investimentos e de empresas, são utilizados os fluxos de caixa em moeda constante. O BNDES, por exemplo, recomenda expressamente essa prática em seu manual para elaboração de projetos. Além disso, o fluxo de caixa em moeda constante é adotado na maioria das avaliações de projetos de grande porte realizadas por grandes empresas nacionais e multinacionais e por bancos de fomento, como o Banco Mundial e o BID.

Conclusão

Pode-se concluir que as finanças são um tema extenso, porém fácil do ponto de vista matemático, já que nelas se utiliza apenas a matemática do 2º grau. As finanças são importantes para o dia-a-dia de qualquer empresa ou pessoa, pois vimos que todas as decisões que envolvam investimentos podem ser medidas e avaliadas. O estudo das finanças nos permite antecipar os prováveis resultados das decisões financeiras e, logo, rejeitar projetos, investir mais ou postergar decisões.

Esperamos tenha ficado claro para você, leitor, que sem esses conhecimentos o êxito dos diversos projetos de investimento dependeria unicamente da sorte. Graças às técnicas financeiras, podemos tomar decisões realmente embasadas na lógica.

Cabe também concluir que os estudos financeiros podem ser desenvolvidos de tal forma que permitam analisar profunda e detalhadamente projetos de investimentos que apresentem maiores riscos por envolver recursos mais vultosos.

O objetivo deste livro foi despertar o interesse do leitor por esse tema fascinante, abrir as portas para o entendimento da lógica que governa as decisões dos investidores e mostrar a importância do conhecimento das finanças no dia-a-dia das empresas e das pessoas. Esperamos tê-lo atingido.

Bibliografia

ASSAF NETO, A. *Mercado financeiro*. São Paulo: Atlas, 1999.

BREALEY, R.; MYERS, S. *Principles of corporate finance*. 5. ed. New York: McGraw-Hill, 1996.

GITMANN, L. *Princípios de administração financeira*. 7. ed. São Paulo: Harbra, 1997.

LINTNER, John. Security prices, risk and maximal gains. *Journal of Finance*, Dec. 1965.

OLDCORN, R.; PARKER, D. *Decisão estratégica para investidores*. São Paulo: Nobel, 1998.

ROSS, S.; WESTERFIELD, R. W.; JAFFE, J. F. *Administração financeira*. 2. ed. São Paulo: Atlas, 2001.

SHARE, William. Capital asset prices: a theory of market equilibrium under conditions of risk. *Journal of Finance*, Sept. 1964.

Apêndice

Teoria da carteira

Investimentos em determinados ativos, tais como ações, raramente são feitos isoladamente. Particularmente, aquisições de ações são investimentos típicos de carteira, ou seja, são investimentos feitos em um conjunto de papéis de diferentes empresas. Assim, devemos compreender não só o perfil de retorno de cada papel individualmente, mas também como eles interagem, para que possamos determinar o risco e o retorno esperado de uma carteira da qual essas ações façam parte.

No contexto de uma carteira, o risco relevante de uma dada ação não é o seu próprio risco, visto de uma maneira isolada, mas sim aquele com o qual esta ação contribui para o risco da carteira. Para tanto, devemos levar em conta não só a proporção de cada ação na composição da carteira e o risco da ação, mas também a chamada covariância, que é uma medida de variação conjunta dos retornos individuais, para cada par de ações incluído na carteira.

Para cada ação vista isoladamente, os atributos relevantes são o retorno esperado e o risco, este último medido pela variância, que é um indicador da variação do retorno em relação ao retorno esperado, ou média. Para uma carteira, os atributos relevantes são também o valor esperado e a variância do retorno. Ocorre que esta última depende não só do risco de cada ação individualmente, mas também da covariância entre os retornos de cada par de ações que compõem a carteira.

Suponhamos duas ações distintas, A e B, com os respectivos retornos, que são variáveis aleatórias, representados por RA e RB. Se for constatado que RA e RB tendem a movimentar-se em sentidos opostos, a covariância entre os retornos RA e RB tende a ser negativa. Neste caso, dizemos que os perfis dos retornos de A e de B são opostos. Isto significa que nas situações (estados 1, 2, 3, ...) em que o RA observado no estado 1 seja maior do que o retorno esperado E[RA], então o RB observado no mesmo estado 1 será menor que o retorno esperado E[RB], e vice-versa para um estado 2, por exemplo. Nesta situação, a covariância entre os retornos RA e RB, representada por Cov (RA, RB) e que é igual à diferença entre o produto dos retornos esperados E[RA] E[RB] e o valor esperado do produto RARB, E[RARB], será negativa.

Representando por RC o retorno de uma carteira formada somente por ações A e B, respectivamente nas proporções XA e XB, com XA + XB = 1, temos que RC será dado pela expressão RC = RAXA + RBXB. E o retorno esperado da carteira, E[RC], e seu risco, como medido pela variância da carteira, $\sigma^2[RC]$, serão respectivamente iguais a

$$E[RC] = E[RA]XA + E[RB]XB = E[RA]XA + E[RB](1 - XA)$$

e

$$\sigma^2[RC] = \sigma^2[RA] \, (XA)^2 + \sigma^2[RB] \, (XB)^2 + 2 \, \text{Cov} \, (XA,XB) \, XAXB =$$
$$\sigma^2[RA] \, (XA)^2 + \sigma^2[RB] \, (1 - XA)^2 + 2 \, \text{Cov} \, (XA,XB) \, XA \, (1 - XA)$$

onde $\sigma^2[RA]$ é o risco (variância) do retorno RA e $\sigma^2[RB]$ é o risco (variância) do retorno RB.

Assim, se os perfis de retorno de A e de B são opostos, o fato de que seja negativa a covariância Cov (RA,RB) tem o efeito de reduzir o risco da carteira.

No outro lado da moeda, se os perfis de retorno de A e de B forem coincidentes, no sentido de que se for observada uma realização RA maior do que $E[RA]$, então, para a mesma situação, teremos também a realização RB maior do que $E[RB]$, a covariância Cov (RA,RB) será positiva. Neste caso, o efeito será o de aumentar o risco da carteira.

Podemos ter também o caso em que os perfis de retorno de A e de B sejam independentes. Ou seja, o fato de haver uma realização RA maior do que $E[RA]$, em uma dada situação, não nos permite prever, na mesma situação, qual será o sinal da diferença entre a realização RB e $E[RB]$. Neste caso, teremos Cov $(RA,RB) = 0$, sendo neutro seu efeito sobre o risco da carteira.

Para trabalharmos com uma medida padronizada da variação conjunta dos retornos RA e RB, definimos o chamado coeficiente de correlação, que é dado por $\rho(A,B) = \text{Cov} \, (RA,RB) / (\sigma(A) \, \sigma(B))$, onde $\sigma(A)$, raiz quadrada de $\sigma^2(A)$, é o desvio-padrão da distribuição de retornos da ação A, e $\sigma(B)$ o desvio-padrão da distribuição de retornos da ação B. Como $\rho(A,B)$ varia de -1 a $+1$, fica facilmente compreensível a seguinte classificação:

$\rho(A,B) = -1$ indica perfis de retorno absolutamente opostos
$\rho(A,B) = 1$ indica perfis de retorno absolutamente coincidentes

Qualquer outro valor de $\rho(A,B)$ indica que os perfis de retorno não são nem absolutamente coincidentes nem absolutamente opostos.

Princípio de diversificação de Markowitz

O formulador da moderna teoria de formação de carteira, o prêmio Nobel de economia Harry M. Markowitz, estabeleceu o princípio da diversificação com base no seguinte paradigma: para um mesmo nível de retorno esperado da carteira, os investidores preferem as combinações de ativos que minimizem o risco da carteira, ou, reciprocamente, as combinações que, para um dado nível de risco, maximizem o retorno esperado da carteira.

Carteiras que atendam ao paradigma são ditas eficientes (ou que estão na chamada fronteira eficiente).

Para evidenciar como a diversificação pode contribuir para, considerando um mesmo nível de retorno esperado, termos um menor risco, imaginemos a situação extrema em que as ações A e B tenham idênticos retornos esperados e idênticas variâncias dos respectivos retornos. Neste caso, admitidamente artificial, para uma carteira com 50% de A e 50% de B, temos que:

$$E[RC] = 0{,}5\ E[RA] + 0{,}5\ E[RB] = E[RA]$$

e

$$\sigma^2[RC] = 0{,}25\ \sigma^2[RA] + 0{,}25\ \sigma^2[RB] + 0{,}5\ \rho(A,B)\ \sigma[RA]\ \sigma[RB] = 0{,}5\ \sigma^2[RA]\ (1+\rho(A,B))$$

Fica, então, claro que, se $\rho(A,B) < 1$, teremos uma carteira com o mesmo retorno esperado que o que obteríamos investindo somente em A ou em B, com um risco menor. Ou seja, nesta particular situação, fica evidente que vale mais a pena diversificar.

Para melhor compreendermos o efeito do valor do coeficiente de correlação no processo de diversificação, notemos que o risco de uma carteira com somente as ações A e B, tal como medido pelo desvio-padrão do retorno da carteira, pode ser escrito como:

$$\sigma[RC] = [\sigma^2[RA](XA)^2 + \sigma^2[RB] (1-XA)^2 + 2\rho(A,B) \sigma[RA] \sigma[RB] XA(1-XA)]^{1/2}$$

Vejamos, dessa forma, o que ocorre nos casos a seguir.

Correlação positiva perfeita, $\rho(A,B) = 1$

Neste caso temos que:

$$\sigma[RC] = \{[\sigma[RA]XA + \sigma[RB] (1-XA)]^2\}^{1/2} = \sigma[RA]XA + \sigma[RB] (1-XA)$$

Combinando a expressão anterior com a do retorno esperado da carteira, podemos mostrar que:

$$E[RC] = E[RA] - \{(E[RB] - E[RA]) / (\sigma[RB] - \sigma[RA])\}\sigma[RA] + \{(E[RB] - E[RA]) / (\sigma[RB] - \sigma[RA])\}\sigma[RC]$$

Ou seja, como indicado na figura A1, que se refere ao plano retorno esperado, desvio-padrão, as combinações das ações A e B são conectadas por uma linha reta.

Figura A1

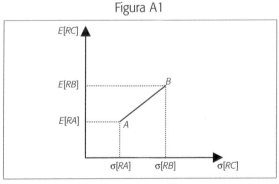

A conseqüência é que não há redução de risco com diversificação.

Ausência de correlação, ρ(A,B) = 0

Neste caso temos

$$\sigma[RC] = \{\sigma^2[RA](XA)^2 + \sigma^2[RB](1-XA)^2\}^{1/2}$$

o que implica que, no plano retorno esperado, desvio-padrão, a relação não mais seja uma linha reta, mas sim como esquematicamente indicado na figura A2.

Figura A2

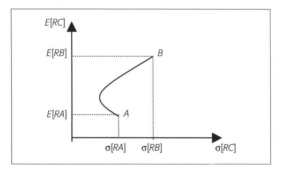

Existem combinações cujo risco é menor do que no caso de investirmos somente em A ou em B. Ou seja, vale a pena diversificar.

Correlação negativa perfeita, ρ(A,B) = −1

Repetindo a análise e observando que

$$\sigma[RC] = \sigma[RA]XA - \sigma[RB](1-XA)$$

ou

$$\sigma[RC] = -\sigma[RA]XA + \sigma[RB](1-XA)$$

dependendo de qual das duas expressões apresenta positivo o segundo membro correspondente, agora teremos a situação apresentada na figura A3.

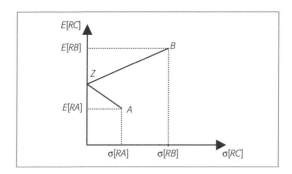

Figura A3

O que se deve destacar é que, como indicado na figura A3, haverá uma combinação de ações A e B que terá risco nulo (medido pela variância ou pelo desvio-padrão). Ainda mais, comparando com o caso onde $\rho = 1$, se $\rho = -1$ teremos sempre, para qualquer combinação das ações A e B, obviamente à exceção dos casos em que $XA = 0$ ou $XA = 1$, uma carteira de menor risco.

Casos intermediários

Se o coeficiente de correlação for positivo, mas inferior à unidade, teremos uma situação na qual, graficamente, as combinações retorno esperado/risco, este último como medido pelo desvio-padrão, estarão em uma curva situada entre a reta que une os pontos A e B e a curva relativa ao caso de ausência de correlação.

Inversamente, se o coeficiente de correlação for negativo, mas superior a -1, o gráfico será o de uma curva compreendida entre as duas retas relativas ao caso em que $\rho(A,B) = -1$ e a curva relativa ao caso em que $\rho(A,B) = 0$.

A importante conclusão da análise aqui apresentada é que, à exceção do caso no qual $\rho(A,B) = 1$, a diversificação conduz a níveis de riscos inferiores àqueles que resultariam da simples combinação linear dos níveis de risco de A e de B.

Para o caso de mais de dois tipos de ações, a análise é bem mais sofisticada, havendo a necessidade do uso de técnicas de programação quadrática para a obtenção da fronteira eficiente. Pode-se demonstrar que a fronteira eficiente, no caso em que não possa haver venda a descoberto de ações e não haja par de ações com perfis de retorno absolutamente opostos, será tal como indicado na figura A4.

Figura A4

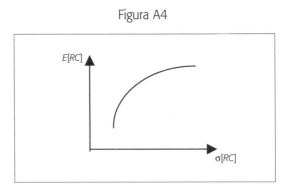

Ou seja, o fato de que não exista par de ações com perfis de retorno absolutamente opostos significa dizer que não se pode eliminar totalmente o risco. E é isto que ocorre na prática, pois que, efetivamente, o risco de uma ação pode ser decomposto em duas componentes básicas: a primeira diz respeito a características intrínsecas da companhia à qual se refere a ação; a segunda refere-se mais à economia como um todo, ou seja, ao mercado.

Fica, assim, claro que, na prática, não existem perfis de retorno absolutamente opostos.

A diversificação consegue reduzir ou, mesmo, praticamente eliminar o risco intrínseco (não-sistemático). Restará sempre, porém, a componente de risco relativa ao mercado (risco sistemático). Em outras palavras, o aumento do número de ações na carteira tem como efeito a redução do risco não-sistemático, mas não consegue eliminar o risco sistemático. Tal fato é ilustrado na figura A5.

Figura A5

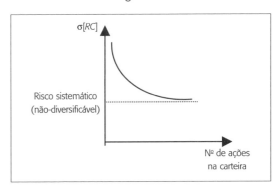

Os autores

José Carlos Franco de Abreu Filho

Doutor em finanças pela Pontifícia Universidade Católica do Rio de Janeiro (PUC-Rio), mestre em *business administration* pela Columbia University, Nova York, engenheiro eletrônico pela Universidade de Brasília (UnB). Iniciou a carreira como engenheiro *trainee* da Hitachi no Japão. Foi engenheiro projetista do DDH da Cobra Computadores Brasileiros, diretor-financeiro da Pacific do Brasil — Comércio Exterior, *general manager* da Unipac Trading Company, em Los Angeles, e consultor BCG Consulting Group, em Nova York. É consultor na área de análise e estruturação de projetos de investimentos e avaliação de empresas desde 1988. É coordenador acadêmico e professor de cursos de pós-graduação do FGV Management.

Cristóvão Pereira de Souza

Mestre em gestão empresarial pela Fundação Getulio Vargas, especialista em finanças pela New York University e pelo

Ibmec, e engenheiro eletricista formado pela Pontifícia Universidade Católica do Rio de Janeiro. Foi assessor de planejamento de Furnas S.A., chefe de custos da Cia. Ceras Johnson, chefe da Assessoria de Estudos Financeiros da Fundação Petrobras de Seguridade Social-Petros e diretor financeiro da SFB Sistemas. É docente de finanças em cursos de administração e economia, professor dos cursos de pós-graduação da FGV, consultor de diversas empresas, entre as quais a Cia. Vale do Rio Doce e a Stam Metalúrgica, e membro do Conselho de Administração da EasyCAE S.A.

Danilo Amerio Gonçalves

Doutor em ciências em engenharia de produção pela Universidade Federal do Rio de Janeiro (Coppe/UFRJ), mestre em engenharia de produção pela Universidade Federal Fluminense, MBA em finanças pelo Ibmec, especialista em *asset management* pela New York University e em *bank management* pela Texas University. Representante da SFA-Securities and Futures Authority de Londres, foi gerente de Fundos na BB-DTVM e docente em cursos de finanças. Autor de artigos apresentados em congressos no Brasil e no exterior, com prêmio Excelência Técnica Abrapp. Foi analista de empresas da Previ-BB e professor dos cursos de pós-graduação da FGV. Atualmente, é analista financeiro da Toogood Financial Systems Inc., em Toronto, Canadá.

Marcus Vinícius Quintella Cury

Doutor em engenharia de produção pelo Coppe/UFRJ, mestre em transportes pelo Instituto Militar de Engenharia (IME), pós-graduado em administração financeira pela EPGE/FGV, engenheiro civil pela Universidade Veiga de Almeida. Engenheiro da Companhia Brasileira de Trens Urbanos (CBTU). Professor e pesquisador do mestrado em transportes do IME, professor dos cursos de pós-graduação MBA do FGV Management. Consultor de projetos de transportes ferroviário e rodoviário, nos campos das avaliações econômico-financeiras e da pesquisa operacional. Membro do comitê científico da associação Brasileira de Pesquisa e Ensino em Tranportes (Anpet).